ADAC

Portugal

von Friedrich Köthe und Daniela Schetar

10 ADAC Top Tipps

Das müssen Sie gesehen haben! Die zehn Top Tipps bringen Sie zu den absoluten Highlights.

25 ADAC Empfehlungen

Unterwegs gut beraten: Diese 25 ausgesuchten Empfehlungen machen Ihren Urlaub perfekt.

Preise für ein DZ mit Frühstück:
€ | bis 75 €
€€ | bis 125 €
€€€ | ab 125 €

Preise für ein Hauptgericht:
€ | bis 10 €
€€ | bis 20 €
€€€ | ab 20 €

Seite 20

Intro

Magazin

Seite 26

Im Blickpunkt

Unterwegs

Seite 166

Seite 127

Zu diesen Orten und Sehenswürdigkeiten finden Sie Detailkarten im Innenteil des Reiseführers.

Service

Umschlag:

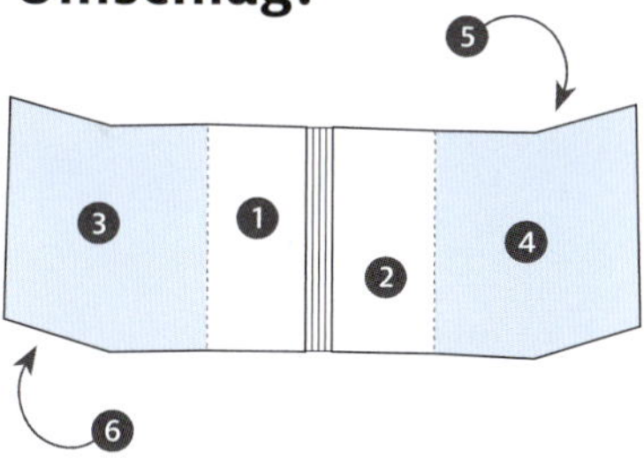

ADAC Top Tipps: Vordere Umschlagklappe, innen 1

ADAC Empfehlungen: Hintere Umschlagklappe, innen 2

Übersichtskarte Portugal Süd: Vordere Umschlagklappe, innen 3
Übersichtskarte Portugal Nord: Hintere Umschlagklappe, innen 4
Stadtplan Lissabon: Hintere Umschlagklappe, außen 5
Ein Tag in Lissabon: Vordere Umschlagklappe, außen 6

Weltoffen und bodenständig – ein Land voller Herz

Der Zwerg am Südwestrand Europas begeistert mit landschaftlicher Vielfalt, berauschender Architektur und lässigem, urbanem Flair

Azenhas do Mar bei Sintra ist ein typisches Dorf am Atlantik

Porto, Lissabon und die Algarve – ist das Portugal? Die Weltstadt am Tejo und die Portweinstadt am Douro gehören heute zu den beliebtesten Städtereisezielen Europas, und der ewige Frühling der Algarve lag schon immer im Sehnsuchtsfokus wintergeplagter Mitteleuropäer. Also lautet die Antwort: Ja! Und: Nein! Portugal ist nämlich viel mehr als nur zwei liebenswerte Städte und eine fantastische Küste. Gerade die Orte im Landesinneren, deren Häuser sich um eine Burg drängen, und die stolzen Klöster abseits der großen Besucherströme warten darauf, entdeckt zu werden. Die schnurgeraden Strände der Westküste verlieren sich im Horizont, die Hügel des Alentejo sprenkeln Olivenbäume, Korkeichen und ab und an ein weißer Bauernhof. Auf 2000 Meter türmen sich Felsen in die Höhe, und träge ziehen breite Flüsse durch die Täler. Dem rauen Bergwetter in der Region Norte trotzen Häuser aus Granit, in den tiefen Wäldern des Centro sind die Dörfer aus Schiefer gebaut, und an den Marmorbrüchen bestehen auch einfache Behausungen aus edlem Material. Die Geschichte hat Menhire in den Landschaften verteilt, Steinkrei-

se und Grabstätten aus der fernen Zeit der Keltiberen, die Römer haben Tempel und Mosaiken zurückgelassen, Westgoten Kirchen und Muslime Moscheen und die Anlage ganzer Stadtviertel. Es gibt also viel zu sehen und noch mehr zu entdecken. Starten Sie Ihre Zeitreise, Ihr Naturerlebnis, Ihre Einkaufstour oder Ihren Badeurlaub – je nach Laune, je nach Geschmack, Portugal wird Sie nicht enttäuschen.

Zwischen Spanien und Atlantik hinaus in die Welt

Wie eingeklemmt wirkt der schmale Landstreifen des westlichsten Landes Europas zwischen Atlantik und dem fünfeinhalbmal so großen Spanien. Dass dieses kleine Land die halbe Welt erobern konnte, liegt wohl an seiner exponierten Lage am Meer und natürlich am Wagemut und an der Neugier seiner Bewohner, die nicht glauben wollten, dass das Wasser brausend am Scheibenrand ins Nichts tost und alles in den Tod reißt. 1415 begann die Entdeckung der Welt, die Landnahme dauerte bis ins 17. Jahrhundert. Erst

Praça do Comércio in Lissabon mit dem Arco da Rua Augusta (oben) – Praia do Camilo bei Lagos an der Algarve (unten)

Santuário do Sagrado Coração de Jesus de Santa Luzia in Viana do Castelo (oben) – Fado in Lissabon (Mitte) – Treppe in der Livraria Lello in Porto (unten)

Rund eine Million Einwohner hatte Portugal im 15. Jahrhundert – in der ganzen Welt sprechen heute 240 Millionen Menschen Portugiesisch als Muttersprache. Ein Netz aus Handelsniederlassungen umspannte die Kontinente, märchenhaften Reichtum brachten die Seefahrer mit ihren Karavellen über die Jahrhunderte nach Hause, Gold und Silber, die Prachtbauten im Mutterland finanzierten. Weniger rühmlich war der Sklavenhandel, der für zusätzlichen Geldsegen sorgte. Die immensen Summen machten Portugal für eine ganze Epoche zum vermögendsten Land Europas, Kunst und Waren aus aller Welt fanden ihren Weg an die heimatlichen Gestade. Heute sind Portugals Museen und Paläste gut gefüllt mit Meisterwerken aus der ganzen Welt.

Ende des 20. Jahrhunderts war das Kolonialreich Portugals dann endgültig aufgelöst. Eines der Ergebnisse dieser außerordentlichen Geschichte:

Unruhige Jahrhunderte

Eigentlich hörte es bis ins 19. Jahrhundert nicht auf, dass irgendwer Portugal für sich beanspruchte. Griechen und Römer waren hier, Vandalen und Goten, und natürlich die Mauren. Allen (nun ja, außer vielleicht den Vandalen) kann man wohl attestieren, dass sie Portugal zwar besetzt hatten, aber eben immer auch positive Impulse gaben. Besonders die Mauren. Deren Belesenheit und Kunstverständnis, ihre Wissenschaft und ihr handwerkliches Geschick haben nicht nur Spanien und Portugal beeinflusst, sondern ganz Europa. Doch die Kämpfe endeten nie. Und wenn gerade keiner übers Meer oder aus Gallien kam, waren es Spanier und Portugiesen, die sich Scharmützel lieferten. Schließlich tauchte auch noch Napoleon auf. Portugal musste sich mit Großbritannien verbünden, um die französischen Truppen zu stoppen. Als das im Jahr 1810 geschafft war, dachten die Engländer nicht daran abzuziehen. Sie blieben und erklärten das Land de facto zu ihrem Protektorat. Da griffen die Portugiesen doch noch einmal auf

> »*Ich saß hier in einem anderen Jahrhundert und entdeckte einen Frieden und eine Ruhe, die wie ein Zauber war.*«
>
> Burt Lanchaster über Sintra

Napoleon zurück, erinnerten sich an die liberalen Ideen des revolutionären Frankreich und vertrieben 1820 die Briten. Nach dem Zweiten Weltkrieg (aus dem sich Portugal herausgehalten hatte) begannen die Kolonialkriege in den afrikanischen Besitzungen und endeten erst 1975 mit der Unab-

Die bunte Markthalle von Loulé im Hinterland der Algarve ist immer gut besucht

hängigkeit Angolas und Mosambiks. Ein Jahr zuvor hatte die Nelkenrevolution das Diktaturende eingeläutet. Portugal war damit gesellschaftsfähig und zum Ziel der Jugend Europas geworden, die kam und mit den Revolutionären feierte.

In die Zukunft

Die wechselvolle Geschichte hat natürlich ihre Spuren im Wesen der Portugiesen hinterlassen. Sie sind zu Recht stolz auf ihre Vergangenheit, aber sie leben in der Gegenwart. Sie trauern als Lebensphilosophen in ihrer Musik, dem Fado, weinen in ihm alter Liebe nach und verpassten Chancen. Doch hat alles seine Zeit. Ist das Lied zu Ende gesungen, packen sie an und gestalten ihre Zukunft. Nicht umsonst haben die Portugiesen, von der Weltwirtschaftskrise der 2000er-Jahre schwer gebeutelt, klaglos die Ärmel hochgekrempelt und massivste Einschnitte in ihren Lebensstandard hingenommen. Langfristig haben sie sich damit aber selbst belohnt. Nach einer Phase der Konsolidierung begann der Staat massiv zu investieren und generierte damit neues Wachstum. Die Wirtschaft ist nun im Aufschwung, ebenso der Tourismus. Das Land ist herausgeputzt und eine der ersten Adressen Europas. Neue Museen sind entstanden, die Hotelinfrastruktur wurde verbessert, und das touristische Angebot wird ständig erweitert. Und nicht zuletzt, Portugal ist auch beim Ökostrom Musterschüler und führt Europa an; zu 100 Prozent will es Elektrizität aus erneuerbaren Quellen produzieren, 2016 hatte es bereits für vier

Traditionelle Boote mit Weinfässern auf dem Fluss Douro in Porto

Monate die Marke von 75 Prozent gerissen. Alle Ampeln stehen also ganz klar auf Grün. Nicht nur in der Wirtschaft. Portugals Naturräume und besonders die Küsten gelten als die saubersten des Kontinentes und heimsen regelmäßig eine Unzahl der begehrten Blue-Flag-Labels für beste Wasserqualität an den Stränden des Atlantiks und den Flussstränden im Landesinneren ein. 314 Strände erhielten im Jahr 2017 die Auszeichnung. Das Land steht damit in Europa (bezogen auf die Küstenlänge) an erster Stelle. Es herrschen also beste Voraussetzungen, dass Portugal auf seinem Weg weiterhin erfolgreich bleibt und Besucher aus aller Welt auch in Zukunft begeistert – mit Natur und Kultur, mit Klugheit und Verständnis, mit Charme und Herzlichkeit.

Hauptstadt Lissabon (Lisboa, 507 000 Einw.)

Sprache Portugiesisch (nur um Miranda do Douro wird das Mirandés gesprochen)

Währung Euro

Verwaltung Portugal ist eine repräsentative Demokratie, gegliedert in Kontinentalportugal und die Regionen Madeira und Azoren

Fläche 92 000 km² (etwa so groß wie Bayern und Hessen zusammen)

Einwohner 10,5 Mio.

Religion Überwiegend katholisch

Tourismus 11 Mio. Ankünfte (mit Tendenz nach oben)

Strände 1800 km Küstenlänge mit hauptsächlich Sandstränden

Darin sind die Portugiesen Weltspitze Im Fußball: Portugal besitzt drei Mannschaften von internationalem Ruf (FC Porto, Benfica, Sporting Lissabon) und den »ewigen« Weltfußballer Cristiano Ronaldo.

53 Kilogramm Menge des Fisches, die jeder Portugiese im Jahr verzehrt (Deutschland 13 kg).

Monsterwelle 2018 ritt der Portugiese Hugo Vau eine 35 m hohe Welle vor Nazaré – Weltrekord!

Magazin

Von der stolzen Geschichte Portugals zeugt das Reiterstandbild von König Jose I.und der Triumphbogen Arco da Rua Augusta auf der Praça do Comércio, einem der schönsten Plätze Lissabons. Die Hauptstadt symbolisiert, ähnlich wie das aufstrebende Porto im Norden, mit ihrem spannenden Mix aus ruhmreicher Vergangenheit und dynamischer Gegenwart das moderne Portugal. Aber nicht nur die Städte, auch imposante Landschaften im Inneren und großartige Küsten machen Portugal so einzigartig.

Die Badebucht Praia de Sao Rafael nahe Albufeira mit den markant aus dem Wasser ragenden Felsformationen zeigt exemparisch die Schönheit der Algarve-Küste auf. So lauschig ist es allerdings nicht immer: Im Hochsommer herrscht an den Stränden dieses beliebten Küstenabschnitts Hochbetrieb. Aber es gibt genug kleine Buchten, um ein ruhiges Plätzchen zu finden.

Im Nordwesten Portugals liegt die Talsperre Caniçada, die den Cávado und seinen Zufluss Rio Gerês zu einer großen Seenplatte aufstaut. Der nördliche Teil des Sees gehört zum Nationalpark von Peneda-Gerês, dem einzigen Portugals. In dem rund 72 000 Hektar großen Gebiet finden sich mehr als 100 aus Granitstein erbaute Dörfer, die seit der Besiedlung Portugals im 12. Jh. fast unverändert blieben. Es ist ein Paradies für Wanderer und Bergsteiger.

Beste Reisezeit Portugal

	März	April	Mai
Temperatur min./max.	11° / 17°	12° / 20°	14° / 22°
Sonnenstunden/Tag	7	9	11
Regentage im Monat	8	5	3
Wassertemperatur	15°	16°	17°

Die Bedeutung der Symbole:
(Angaben sind Mittelwerte)

9° 18° Temperatur min./max.

Sonnenstunden/Tag

Regentage im Monat

Wassertemperatur

FRÜHLING

Rote Mohnblütenteppiche unter grünen Korkeichen, strahlendes Licht über goldenen Felsklippen – das Frühjahr bringt die schönsten Motive hervor.

Für so gut wie jede Urlaubsaktivität in Portugal gilt der Frühling als ideale Jahreszeit. Ob Wanderung, Städtetrip, Biketour oder Weinreise: Bei milden Temperaturen im Landesinneren wie an den Küsten radelt, läuft und bummelt es sich besonders gut. Nur das mit dem Baden vergessen Sie besser. Der Atlantik schwingt sich vor Juni/Juli zu höchstens 17°C auf, und selbst an der Algarve ist vor Mai das Wasser zu kalt.Allerdings gibt hier der Frühling bereits im Februar den Startschuss: Die Mandeln setzen weiße Blütenschleier auf. Je weiter nach Norden und Osten Sie reisen, desto später und regenreicher tritt das Frühjahr in Erscheinung. Mit Niederschlägen ist zwischen Februar und April/Mai ohnehin überall zu rechnen. Doch keine Sorge, die Wolken verziehen sich meist schnell. Ein weiteres kleines Manko: Die Nächte können kühl werden – draußen sitzen bis Mitternacht, das ist im Frühjahr meist nicht möglich. Ein großer Vorteil der Vorsaison im Frühling waren lange Zeit die niedrigen Preise, doch die Jahreszeit hat aufgeholt. Die Preise sind gestiegen und das Besucheraufkommen auch. Städtereiseziele wie Lissabon und Porto haben ohnehin das ganze Jahr über Saison.

Blühende Mandelbäume sind die Boten des Frühlings

Sandige Buchten, wie hier in Lagos, laden überall an der Algarve zum Sonnenbaden und Schwimmen ein

SOMMER

Sonne satt, badewannenwarmes Meer an der Algarve, kaum Niederschläge – das sind optimale Bedingungen für den perfekten Strandurlaub.

Dass die Sommermonate von Juni bis September Portugal stabiles Gute-Laune-Wetter bescheren, dafür sorgt das berühmte Azoren-Hoch. Die Temperaturen sind trotz der intensiv strahlenden Sonne an der Küste erträglich – der kühle Atlantik sorgt dafür. Binnenregionen wie der Alentejo sind im Hochsommer allerdings nur mühsam zu bereisen, wenn man Hitze nicht besonders gut verträgt. Und die Waldbrandgefahr nimmt drastisch zu.Eine besondere Rolle im Jahreslauf nimmt der Juni ein: Sardinenschwärme erreichen die Küste, und die Santos Populares, die Schutzheiligen der einzelnen Städte, werden mit Prozessionen und Volksfesten gefeiert. Wer im Urlaub gerne sportlich aktiv ist, sollte hohe Temperaturen gut vertragen. Ein Tipp dazu: Frühaufsteher profitieren von den milden Morgentemperaturen und können so selbst im Hochsommer ihrem Hobby nachgehen. Am Wasser gilt natürlich das Gegenteil: Das Meer an der Algarve ist warm, der Atlantik erfrischt, ohne Gänsehaut auszulösen. Wassersport steht also nichts entgegen – es sei denn Platzmangel: Beliebte Strände an der Algarve wie am Atlantik füllen sich im Sommer bis zur Schmerzgrenze; erst recht, wenn auch die Portugiesen im Juli/August Urlaub machen.
Hochsaison haben dann auch die Preise. Sie können bis zu einem Drittel über das Niveau der Vorsaison klettern. Ebenso steigen die Besucherzahlen in den Städten, auch aufgrund der zahlreichen Kreuzfahrttouristen aus allen Erdteilen. Lissabon oder Porto in diesen bunten Menschenschwärmen zu erkunden mag eine Zeit lang unterhaltsam sein, stört auf Dauer aber sehr.

	Juni	Juli	Aug.
Temperatur	17° / 25°	19° / 28°	20° / 28°
Sonne	11	12	12
Regen	1	0	0
Wasser	18°	19°	20°

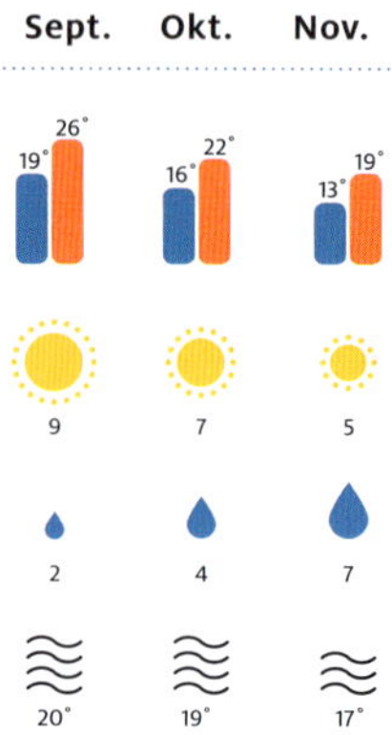

HERBST

Nach dem harten, hellen Licht des Sommers gewinnen Pastelltöne in der Natur die Überhand, und die trockene Hitze weicht milden Temperaturen mit gelegentlichen Schauern – ideale Zeit für Aktive.

Die Ferien sind vorbei, das Azoren-Hoch verabschiedet sich, und die von der Sonne malträtierte Natur atmet auf unter dem ersehnten Regen. Der Herbst ist eine reizvolle Reisezeit, vorausgesetzt, Sie haben die richtige Kleidung eingepackt. Denn mit Niederschlägen und zunehmend kühlen Abenden ist nun überall zu rechnen. An der Algarve gewiss nicht so ausgeprägt wie im gebirgigen Nordosten, aber ohne Regenschutz und einem warmen Pullover geht es nicht. Entsprechend ausgerüstet machen alle Sportarten im Freien richtig Spaß, und auch im Wasser lässt es sich, zumindest an der Algarve, noch weit bis in den Oktober hinein gut aushalten.
Auch bei Stadtbesichtigungen profitieren Sie von der Nachsaison. Wie überall im Land gibt es weniger Touristen und niedrigere Preise. Achten Sie auf rutschfestes Schuhwerk, denn der gelegentliche Regen macht die steilen Gassen glitschig.
An den Lagunen der Algarve und entlang der Atlantikküste legen die Zugvögel aus Nordeuropa eine letzte Ruhepause ein, bevor sie nach Afrika weiterfliegen – das ist die Gelegenheit für Birder, riesige Schwärme und seltene Exemplare zu beobachten. Ganz unter sich sind die Wellenreiter. Ab Ende Oktober beginnt für sie die Saison der hohen Brecher, in die sie sich neoprengeschützt und ohne störende Badegäste stürzen.

Über 450 km Küste lassen sich entlang des Fernwanderwegs »Rota Vicentina« erkunden

Big-Wave-Surfer aus aller Welt treffen sich im Winter in Nazaré

WINTER

Haben Sie schon einmal portugiesisches Silvester gefeiert? Das Feuerwerk in Lissabon ist legendär und einer der Gründe, warum es sich lohnt, Portugal in der stillen Jahreszeit zu besuchen.

	Dez.	Jan.	Feb.
Temperatur (min/max)	10° / 16°	9° / 15°	9° / 16°
Sonne	6	5	6
Regen	7	7	6
Wasser	16°	15°	15°

Portugal im Winter ist wie jedes andere südeuropäische Reiseziel ein Glücksspiel. Sie können eine trockene, angenehm temperierte Wetterphase erwischen oder aber Pech haben und es regnet häufig. In den Bergen wie der Serra da Estrela fällt dann sogar Schnee! Rau ist das Klima auch an der Atlantikküste. Die Winterstürme treiben das Meer gegen die Klippen, und dabei können wahre Monsterwellen entstehen. Im Badeort Nazaré herrscht dann Hochsaison für Big-Wave-Surfer. Wer Geduld und Ausdauer besitzt, erlebt dort die wildesten Wellenritte und womöglich gar einen Guinnessbuch-Rekord.

Die Chance, eine fast frühlingshafte Algarve zu erleben, ist höher als die von Gutwetterphasen an der Nordwestküste. Wanderer, Radfahrer und Golfspieler haben ihre Freude an dem milden Klima, das ihnen erlaubt, auch im Winter ihrem Lieblingssport nachzugehen; nach einem aktiven Tag entspannt man in einem der tollen Spas, mit denen sich inzwischen fast jedes Vier-Sterne-Hotel schmückt. Übrigens zu sehr günstigen Preisen, es sei denn, Sie checken über Weihnachten und Silvester ein.

Bleibt das legendäre Lissaboner Silvesterfeuerwerk über dem Tejo. Ein Traum! Davor feiern die Portugiesen in den Restaurants mit einem üppigen, mehrgängigen Mahl. Zwei Dinge sollten Sie dabei beachten: Sie sollten neue Unterwäsche tragen (bringt Glück) und Schlag Mitternacht einen Geldschein in der Hand halten (bringt Wohlstand).

Hausmannskost mit Aromen aus aller Welt

Das Vorurteil, portugiesische Küche sei bäuerlich und einfach, sollten Sie über Bord werfen. Der kulinarische Kosmos des Landes schöpft aus den Tiefen der Meere, den Weiten aromatischer Weiden und einer Schatztruhe exotischer Gewürze.

Schnörkellose, ländliche Gerichte bilden zwar die Grundlage der raffinierten Köstlichkeiten, die in den Restaurants serviert werden, aber auf dem Weg dorthin haben sie sich entwickelt. In der neuen portugiesischen Küche, die mit einem Michelin-Stern dekorierte Meister wie João Rodrigues (»Feitoria«) und José Avillez (»Belcanto«) zelebrieren, verwandelt sich selbst das beliebte Alltagsgericht »porco à alentejana« in ein Feuerwerk der Aromen. Doch zunächst zu den Basics: Was wäre der portugiesische Speisekosmos ohne Bacalhau! Der in Salz zu brettharten Platten getrocknete Kabeljau hatte den ganz praktischen Zweck, unbeschadet lange Seereisen zu überdauern, und avancierte im Lauf der Jahrhunderte zur Nationalspeise. Zubereitungsformen für dieses nicht gerade angenehm duftende Lebensmittel gibt es wohl so viele wie Hausfrauen. Die beliebteste heißt »bacalhau à bràs« und kombiniert den durch Einweichen und Marinieren wieder zart gewordenen Fisch

Die lukullische Qual der Wahl haben Besucher in der Rua Augusta in Lissabon

mit Zwiebeln, Oliven, Petersilie, Eiern und Bratkartoffeln. In dem von zwei Meeren eingerahmten Land spielt Fisch ohnehin die Hauptrolle. In den Restaurants an Atlantikküste und Algarve können Sie sich von Frische und Vielfalt des Angebots überzeugen. Neben Bacalhau lieben die Portugiesen auch die Sardine, der sie rauschende Feste widmen Kabeljau und Sardine drohen allerdings aufgrund begrenzter Fänge zum Luxusgut zu werden.

Nationalgericht Portugals: »bacalhau à bràs«

LECKERE SCHMORGERICHTE

»Surf and Turf«, die heute so angesagte Verbindung von Fleisch und Fisch in einem Gericht, kennen die Portugiesen schon lange: Für das oben erwähnte »porco à alentejana« kombinieren sie Schweinefleisch mit Muscheln zu einem schmackhaften Schmortopf. Wild gemixt wird auch für die »caldeirada«. In die mit Kartof-

In aller Munde

Pastéis de nata: Süßes aus dem Kloster

Warum ausgerechnet die Konvente für leckeres Gebäck bekannt sind, kann wohl niemand abschließend beantworten. Tatsache ist, dass die Portugiesen eine erstaunliche Vielfalt an klösterlichen Süßspeisen besitzen, darunter auch Bizarres wie die einem Phallus nachempfundenen Bolos de São Gonçalo aus Amarante. Die beliebteste Leckerei ist aber zweifelsohne das »pastéi de nata«. Für das aus hauchdünnem Blätterteig geformte Törtchen mit zartsüßer Füllung aus Mehl, Eigelb, Sahne und Vanillezucker gibt es wohl so viele Rezepte wie Klöster. Heute kommt die süße Versuchung allerdings aus den Backstuben von Traditionskonditoreien wie jener in Belém, deren »pastéis« weltberühmt sind.

Ursprünglich hüteten die Mönche des Mosteiro dos Jerónimos das Törtchenrezept. Mit Herstellung und Verkauf der »pastéis« verdienten sie sich ein Zubrot, bis das Kloster im Zuge der Säkularisierung 1834 geschlossen wurde. Geschäftstüchtig verkauften sie die Zutatenliste dem aus Brasilien nach Lissabon zurückgewanderten Domingos Rafael Alves, der dann 1837 den Grundstock für die berühmte Pastelaria »Casa Pastéis de Belém« legte. Bis heute wird das geheim gehaltene Rezept für die Vanilletörtchen von Konditormeister zu Konditormeister weitergegeben. Das hindert aber zahllose andere Konditoreien in ganz Portugal nicht daran, ihre eigenen »pastéis de nata« zu backen.

Aus Tomaten, Zwiebeln, Paprika, Kartoffeln und Fisch wird der Eintopf »caldeirada« gekocht

feln angereicherte Suppe kommt, was der Fischmarkt gerade an Frischem hergibt.

DRY AGED STEAKS UND GRILLSPIESSE

Aus dem Landesinneren finden Schwein, Rind und Lamm ihren Weg auf Grill und Teller: Neben Fleischspießen wie der »espetada«, bei der auch gerne Fisch und Fleisch gemischt werden, hat der aktuelle Kult um das perfekt abgehangene Steak auch Portugals Spitzenköche erfasst. Selbst wenn dies auf den ersten Blick nicht als typisch portugiesisches Gericht erscheint, sollten Sie es zumindest einmal probieren – die Grillmeister verstehen ihr Geschäft! Geschmackssache ist eine weitere Nationalspeise: »tripas«, Kutteln, werden sowohl in Restaurants serviert als auch an Straßenständen als Streetfood im Brötchen angeboten.

AROMEN AUS ALLER HERREN LÄNDER

Was ist typisch? 600 Jahre Seefahrts- und Entdeckungsgeschichte haben nicht nur Gold, sondern eine Vielzahl an Gewürzen und kulinarischen Traditionen von Fernost über Indien bis Schwarzafrika ins Land gebracht. Die scharfe Chili-Sorte »Piri-Piri«, beliebt bei der Zubereitung von Hühnchen, fand auf portugiesischen Karavellen ihren Weg über Südamerika und Südafrika ins portugiesische Mutterland. Restaurants mit Spezialitäten aus Brasilien oder Mosambik, von den Kapverden oder aus Goa bereichern die kulinarische Landkarte in den größeren Städten und sind unbedingt einen Versuch wert. Den außereuropäischen Küchen ist es auch zu danken, dass auch Vegetarier oder Veganer in Portugal fast überall nicht nur »Notlösungen«, sondern Schmackhaftes bestellen können. Viele indische, chinesische oder japanische Gerichte kommen ganz ohne Tierprodukte aus.

EXZELLENTE WEINE UND CRAFT-BIER

Zum Essen trinken die Portugiesen Mineralwasser, Bier und/oder Wein. Erfahrung und Tradition im Weinbau schlagen sich in exzellenten Tropfen nieder. Wichtige Weinregionen sind das Douro-Tal in der nördlichen Landeshälfte, der südliche Alentejo und Dão in der Landesmitte. Aus dem kühlen Norden kommt der spritzige Weißwein Vinho Verde, dessen Alkoholgehalt etwas unter dem für Weißweine üblichen liegt. Auf den Craft-Bier-Trend sind die Portugiesen mit großer Kreativität aufgesprungen. Die Auswahl an herkömmlich gebrauten und Craft-Bieren ist phänomenal. Wasser kommt aus lokalen Thermalquellen wie Águas das Pedras.

Portugal ist also in vielen Bereichen ein kulinarisches Paradies, mit dem kleinen Manko, dass – wie etwa auch in Spanien – sehr spät gegessen wird. In Lissabon oder Porto ist vor acht, halb neun Uhr abends schwer etwas zu essen zu bekommen, außer in rein auf Touristen ausgerichteten Restaurants. Und selbst diese Zeiten sind manchem Portugiesen noch zu früh. Abgesehen davon noch Folgendes: Die meisten Portugiesen frühstücken nicht, sondern machen sich morgens mit Espresso (»bica«) und einem süßen Teilchen in der Bar um die Ecke fit. Dafür wird umso ausgiebiger zu Mittag gegessen.

Aus dem Douro-Tal kommen die Trauben für Portwein und Vinho Verde

Handgefertigtes aus Kork wird an Urlaubsorten wie hier in Lagos in ebenso bunter wie breiter Auswahl angeboten

Federleichtes und bunte Sardinendosen

Naturprodukte wie Kork oder Sardinen bilden die Basis für die reizvollsten portugiesischen Souvenirs.

Kork wird heute zu den verschiedensten Produkten verarbeitet, wie die schicken Handtaschen, Hüte, Sandalen, Notizblöcke und was sonst noch aus der Rinde der Korkeichen gefertigt wird, beweisen. In den größeren Städten sind ganze Geschäfte spezialisiert auf Korkprodukte; in kleineren Orten finden sie in gut sortierten Souvenirläden auch stets ein paar Artikel aus dem federleichten Material. Und die Preise sind günstig. Ein ebenso originelles wie wohlschmeckendes Mitbringsel sind Fischkonserven, die mit ihrem kunterbunten Design so toll aussehen, dass man sie gar nicht aufmachen möchte. Geschäfte wie »The Fantastic World of Portuguese Sardines« an Lissabons Praça Dom Pedro IV. bieten einen unerschöpflichen Fundus an Motiven.

Keinesfalls sollten Sie es versäumen, einen Markt zu besuchen! Ob Lissabons schicker Mercado de Ribeira oder Olhãos Jugendstilmarkthallen – jeder bietet unvergessliche Erlebnisse und Fotomotive. Und wer weiß, vielleicht lächelt Sie ja ein Leinensäckchen mit »Flor de Sal« (Salzblüte), ein Keramiktöpfchen mit Honig oder

ein vakuumverpackter Schafskäse von der Serra da Estrela an – typische und tolle Souvenirs!
Zu guter Letzt der Fado: Ohne eine CD mit Liedern der Sängerin, der Sie am Vorabend in der Kneipe gelauscht haben, oder aber von einem der großen Fado-Stars sollten Sie Portugal nicht verlassen. Eine Prise »saudade« gehört eben auch ins Gepäck.

Das perfekte Souvenir: Portwein

Portwein und Bacalhau haben eine gemeinsame Geschichte: Engländer und Portugiesen vereinbarten in einem 1373 geschlossenen Vertrag, dass Portugal den Briten »Vinho de Lamego«, den Vorläufer des Ports, aus dem Douro-Tal liefern und dafür die Fischrechte für Kabeljau vor den Britischen Inseln erhalten sollte. Ende des 17. Jh. »entdeckten« die Engländer das Geheimnis des Portweins, als sie in einem Kloster Wein aufstöberten, den die Mönche mit Alkohol versetzt hatten. Dieser unterbrach den Gärungsprozess und machte den »Port« haltbar und süß. Ein Portwein-Boom war die Folge. Bereits 1756 rief Marquês de Pombal eine Qualitätskommission für den süßen Tropfen aus dem Douro-Tal ins Leben, so bedeutend war der Portweinexport für die Wirtschaft des Landes geworden. Bis heute spielt Portwein eine wichtige Rolle für die portugiesische Ökonomie. Gelagert wird er wie seit Jahrhunderten in den Caves von Vila Nova de Gaia, der Hafenstadt Porto gegenüber. Hier sollten Sie ihn wenn möglich bei einer Kellereiführung verkosten und kaufen. Wenn es Sie nicht so weit nach Norden verschlägt, empfiehlt sich ein Besuch in einem der vielen Delikatessläden mit portugiesischen Produkten oder in Lissabons Portweininstitut Solar de Lisboa.
R. de São Pedro de Alcântara 45, www.ivdp.pt, Mo–Fr 11–24, Sa 15–24 Uhr

Reif und stark: Bei Sandeman in Portos Altstadt wird seit 1790 Portwein produziert

Wasserspaß, Mini-Zoos und Burgen

Lieber Strand oder Sightseeing? Kinder müssen da nicht lange überlegen, welcher Steppke läuft schon gerne stundenlang durch Museen. Portugal sei Dank lässt sich aber auch Kulturprogramm aktiv und spannend gestalten.

Wie fast überall in Südeuropa stehen Kinder auch in Portugal im Mittelpunkt. Sie dürfen quasi alles, werden verwöhnt, sind überall dabei. Späte Essenszeiten? Kein Problem, die Kids bleiben locker bis 23 Uhr wach. Scharfe Speisen? Sind sie ohnehin gewöhnt. Spielplätze? Mangelware, aber man kann ja auch wunderbar auf der Straße herumtollen. Kinder laufen einfach mit, selten werden Extrawürste für sie gebraten.

»Slide and Splash«: Der Name des Wasserparks in Lagoa spricht für sich

URLAUBSKASSE – RABATTE FÜR KIDS UND TEENS

Bei Fahrten in öffentlichen Verkehrsmitteln, beim Eintritt in Museen oder zu anderen Attraktionen sind Kinder bis zu 6 Jahren fast überall gratis dabei; ältere Sprösslinge (meist bis 16 Jahren bzw. Schüler) kommen in den Genuss eines um 50 % reduzierten Tickets. Attraktionen, die sich besonders an Familien richten wie etwa das Oceanário in Lissabon oder Freizeit- bzw. Aquaparks an der Algarve, bieten meist ein günstiges Familienticket an.

ÜBERNACHTEN MIT KINDERN

In den Badeorten an der Algarve und entlang der Atlantikküste besitzen so gut wie alle Hotels Zimmer mit Verbindungstüre oder stellen ein Kinderbett ins Elternzimmer. Oft gibt es einen Kid's Club, in dem die Kleineren betreut werden. Die Hotelrestaurants orientieren sich mit Kindertellern am Pommes- oder Spaghettibedarf der Junioren. Familienfreundliche

Die Altstadt von Lissabon hat auch für ganz junge Entdecker viel zu bieten

Preise für solche Urlaubspakete können Sie allerdings nur außerhalb der Ferientermine erwarten. Je nach Urlaubskasse und Bedürfnissen stellt ein Ferienapartment oder -haus die günstigere Familienlösung dar. Oft ist ein Garten vorhanden, in dem Kinder toben können. Eine familienfreundliche Unterkunft sind beispielsweise die Apartments der »Quintamar« im Naturpark Ria Formosa an der Algarve. Der Clou sind hier ein Mini-Zoo und der Schwimmteich, eine nette Alternative zu den nahen Sandstränden am Meer (www.quintamar.com). Auch in Städten oder vielleicht gerade da ist eine Wohnung dem Hotel vorzuziehen. Sie haben mehr Platz und bessere Rückzugsmöglichkeiten für ausgedehnte Mittagspausen, und die Preise liegen deutlich niedriger.

ESSEN FÜR KIDS – ZUR NOT POMMES

Das Speisenangebot in den Restaurants ist sehr fisch- und fleischlastig und häufig auch scharf gewürzt, was vor allem kleinere Kinder nicht so mögen. Notbehelf sind dann Pommes, die es ja überall gibt, und ab und an ein Ausflug in eine Pizzeria. Spezielle Kinderteller stehen in den wenigsten Lokalen auf der Speisekarte, aber es lohnt sich, danach zu fragen. Viele Köche lassen sich gerne etwas einfallen für die kleinen Gäste.

AUSFLÜGE UND KLEINE ABENTEUER – ALTSTÄDTE, ZOOS UND SCHLÖSSER

Da können Kinder in Portugal einiges erleben: Zum Beispiel eine spannende Stadtrundfahrt durch Lissabon mit dem Tuk-Tuk, die einen so richtig durchrüttelt. Die Fahrer warten mit ihren bunten Gefährten an allen wichtigen Sehenswürdigkeiten – einfach Preis aushandeln

Das Oceanarium von Lissabon bringt Groß und Klein ins Staunen

und los geht's! Im Land der Burgen sind Möchtegern-Ritter gefordert. Zum Beispiel beim Gang auf der Stadtmauer von Óbidos (S. 91). Ritterfräulein erkunden vielleicht lieber das Märchenschloss Palácio Nacional da Pena in Sintra (S. 83). Die ganze Familie kommt bei der Begegnung mit Haien, Rochen und anderem Meeresgetier im Aquarium des Oceanário (S. 81) aus dem Staunen nicht mehr heraus.

STRAND UND MEHR – BADESTRÄNDE UND SURFERPARADIESE

Portugal ist das Land der Sandstrände. Also ideale Bedingungen für Kinder? Kommt auf das Alter an. Denn an den Atlantikstränden mag zwar der Sand pudrig sein, Temperatur, Wellen und Strömungen im Meer kommen kleinen Kindern nicht entgegen. Für die Jüngsten empfehlen sich die Strände an der Algarve und dort besonders die geschützten Inseln und Lagunen zwischen

Leuchtende Augen

Auf Wasserrutschen wie Aquatube oder Harakiri entscheidet sich, wer sich wirklich traut. Im Normalfall sind das die Kinder, während die Eltern meist Kopfschmerzen vorschützen, um nicht auf diese wilde, nasse Fahrt quer durch das Zoomarine-Gelände geschickt zu werden. Kinder können von den Attraktionen im Aquapark bei Albufeira nicht genug bekommen. Es macht Riesenspaß, in einem bunten Waschbottich Karussell zu fahren und dabei aus Wasserkanonen (Plastik natürlich) zu schießen! Die ganz Kleinen waten und planschen durch flache, türkisblaue Lagunen, während die Eltern entspannt am aufgeschütteten Sandstrand beachen. Polternde Piraten, jonglierende Seelöwen und seltsam-exotische Vögel stehlen Rutschen und Lagunen fast die Schau. Man möchte so viel Unterhaltung sicher nicht jeden Ferientag haben, aber einmal sollten Sie sich den Ausflug ins Zoomarine gönnen. Glückliche und abends erschöpfte Kinder sind der Lohn. Und wenn Sie ein ganz besonderes Erlebnis suchen, dann buchen Sie die Dolphin emotions – Schwimmen mit Delfinen. Ein nicht ganz billiges Vergnügen, aber eines, das man in Erinnerung behält! Allerdings erst für Kinder ab sieben Jahren.

Parque Temático Zoomarine, *EN 125, Km 65, 8201–864 Guia, Albufeira, Tel. 289 56 03 00, www.zoomarine.pt.*

Tavira und Faro. Da können sie Sand buddeln, Krebse jagen, Muscheln sammeln und im flach abfallenden, warmen Meer planschen. Weiter nach Westen, an der Felsalgarve, senken sich die Strände etwas steiler ab, weshalb Sie Ihre Kleinsten hier noch besser im Blick behalten sollten. Ältere Kinder werden es lieben, auf den Felszungen herumzuklettern oder im klaren Wasser zu schnorcheln.

Die Wellen am Atlantik machen älteren Kids Spaß, und vielleicht entdecken sie den leidenschaftlichen Surfer in sich. In Badeorten wie Peniche oder Nazaré warten zahlreiche Surfschulen auf zukünftige Monsterwellenreiter. Spektakulären Anschauungsunterricht von tollkühnen Big-Wave-Surfern gibt es zuhauf. Wetten, dass Sie Ihren Teen den ganzen Tag nicht mehr zu Gesicht bekommen?

Selbst im Binnenland müssen Familien nicht aufs Badevergnügen verzichten: Praia fluvial, Flussstrand, heißt die geniale Einrichtung an Seen und Flüssen. Die Strände sind hübsch angelegt, oft ist sogar ein Kiosk mit Getränken und ein Spielplatz dabei. Folgen Sie einfach den Hinweisschildern.

Badespaß pur für Kinder verspricht die Praia dos Estudantes in Lagos

Der 35 m hohe Torre de Bélem ist eines der Wahrzeichen Lissabons und ein Musterbeispiel manuelinischer Baukunst

Gotische Baukunst zu Ehren der Seefahrer

Obwohl die Hochzeit des manuelinischen Stils nur wenige Jahrzehnte dauerte und obwohl die meisten manuelinischen Bauten beim Erdbeben von 1755 zerstört wurden, gilt diese außergewöhnliche Form des Baudekors bis heute als Portugals eigenwilligster Beitrag zur europäischen Kunstgeschichte.

UNTER DEM KREUZ DER CHRISTUSRITTER

Taue winden sich um Säulen und Fenster, bilden wuchtige Knoten, in denen sich Seegetier und Muscheln gefangen haben. Sind es Blütenranken oder Krakenarme, die Kapitelle umhüllen? Fratzen unheimlicher Wesen starren aus dem Geäst marmorner Bäume den Betrachter an, Karavellen segeln über steinerne Wellen – wer mag dieses fast psychedelisch anmutende Sammelsurium maritimer Motive in den Kirchen und Klöstern in Auftrag gegeben haben? Die Antwort steckt in Details wie den im Rankenwerk verschlungenen Armillarsphären, dem sich unendlich wiederholenden Buchstaben M, dem Kreuz der Christusritter. Es sind Symbole König Manuels I., in dessen Regierungszeit von 1495 bis 1521 diese Kunst in höchster Blüte stand. Den Namen »Manuelinik« erhielt der Stil übrigens erst im 19. Jh.

Hinter der Manuelinik standen nicht nur Zeitgeschmack und der aus den Kolonien ins Land geschwemmte Reichtum, der in den Schatztruhen von Königshaus und Adel versickerte. Die immer wiederkehrende Verwendung der Armillarsphäre demonstriert den Willen des Königs, mit dem symbolbeladenen Dekor seine herausragende, von Gott auserwählte Stellung zu zementieren. Spera Mundi, die »Hoffnung der Welt« – diese Bezeichnung für Manuel I. findet sich in die Armillarsphären ein-

Der Erfinder der Manuelinik: Mateus Fernandes

Über den Mann, der 25 Jahre lang den Bau des Mosteiro de Santa Maria da Vitória überwachen und prägen sollte, ist kaum etwas bekannt. Sein Geburtsjahr liegt ebenso im Dunkeln wie die Stationen seiner Lehr- und Schaffensjahre, bevor er 1480, also unter Manuels Vorvorgänger Dom Afonso V., an der Baustelle von »Batalha«, wie das Kloster schon bald genannt wurde, erstmals in Erscheinung trat. Dass wir das Jahr seines Todes kennen, 1515, ist einer Ehre zu danken, in deren Genuss nicht viele kamen: Fernandes und seine Gattin wurden auf Geheiß Manuel I. in der Klosterkirche unter einer prunkvollen Grabplatte beigesetzt.

Fernandes' erstes Gastspiel als Architekt 1480 sollte nur kurz sein; noch im selben Jahr ersetzte ihn Dom Afonso V. durch einen anderen Baumeister. Wo Fernandes danach beschäftigt war – manche Wissenschaftler vermuten, er hätte an Projekten in Indien gearbeitet –, bleibt im Dunkeln der Geschichte. 1490 wird Fernandes plötzlich wieder als Herr über das Projekt »Batalha« geführt und bleibt es bis zu seinem Tod. Obwohl bereits unter João II. berufen, gilt Fernandes als bedeutendster Baumeister Manuel I. und Erfinder der Manuelinik. Das Werk, das ihm diesen Titel einbrachte, das Portal zu den »unfertigen Kapellen«, entstand bis 1509. Manuel I. vertraute Fernandes nicht nur die Bauaufsicht über Batalha, sondern über zahlreiche andere Projekte an. 1503 übernahm der inzwischen zu Ansehen und Wohlstand gekommene Fernandes zusätzlich die Position des Richters in Batalha, und ab 1514 fungierte er als eine Art Finanzvorstand des Bauprojekts. Als er 1516 starb, folgte ihm sein Sohn, Mateus Fernandes der Jüngere, als Baumeister nach.

Das prächtige Portal des Klosters von Batalha war Fernandes' Meisterwerk

graviert; Emanuel, hebräisch »der von Gott Erwählte«, lautete sein Name, und erklärtes Ziel dieses erwählten Herrschers und Antrieb für die Forschungsreisen war es, die christlichen Reiche des Westens, also Europas, mit dem mythischen, in Äthiopien vermuteten christlichen Königreich des Priesters Johannes zu vereinen.

LETZTES AUFBLÜHEN DER GOTIK

Folgerichtig könnte man seinen Baustil als grandiose PR-Aktion des Zeitalters der Entdeckungen lesen. Der König, dessen Kapitäne Afrika umrundeten, den Seeweg nach Indien fanden und aus Brasilien Gold und Edelsteine mitbrachten, zeigte dem Volk, welche ungeahnte Kenntnis der Welt, welche Schätze, welche neu entwickelten, die Seefahrt revolutionierenden Techniken ihm zu verdanken waren. Mit welchen Ungeheuern seine Schiffe den Kampf aufnahmen, welche Erfolge sie vorweisen konnten – all dies zu plakativen Bildern und Symbolen in Stein gehauen. Und mit Armillarsphäre und Christusritterkreuz, Manuel war Großmeister des Ordens, symbolisch unterschrieben. Dass das Volk dafür hungerte, war doch zweitrangig.

Die Manuelinik, so sagen es Kunsthistoriker, ist eine Variante der Spätgotik, vergleichbar mit dem Flamboyant-Stil in Frankreich. Was von vielen als genuin-portugiesischer Fortschritt im Baudekor gepriesen wird, war im Grunde ein Verharren in überkommenen Formen und Strukturen. Während das restliche Europa

Aus dem 16. Jh. datiert die Galerie des Dom Manuel Palast im Stadtpark von Évora

das Licht und den Humanismus der Renaissance feierte, trieben Portugals Steinmetze im Auftrag Manuels »des Glücklichen« die verblassende Gotik zu einer zweiten, kurzen Blüte. Die war spektakulär, hatte aber nicht lange Bestand. Der Siegeszug der Renaissance war nicht aufzuhalten. Nach Manuels Tod hielt sie auch in Portugal Einzug.

Bedeutendstes Bauwerk der Manuelinik ist das Mosteiro dos Jerónimos in Lissabon – der Kreuzgang bringt nicht nur Kunsthistoriker ins Schwärmen

Das gewaltige Portal der »Capelas Imperfeitas«

15 m hoch und 7,5 m breit zählt das Portal der »Capelas Imperfeitas« wohl zu den monumentalsten architektonischen Elementen des Klosterkomplexes von Batalha. Angelegt wurde es bereits bei Baubeginn des letztendlich nie fertiggestellten Mausoleums, das König Duarte 1434 in Auftrag gegeben hatte. Dass es in seiner Monumentalität nicht erdrückt, sondern sich wie ein verspielter, filigraner Bogen zu den Grabkapellen hin öffnet, verdankt es den 1970 Jahre später hinzugefügten Steinmetzarbeiten von Mateus Fernandes. Der Betrachter fühlt sich, als stünde er vor dem Tor zu einem orientalischen Palast im indischen Goa oder marokkanischen Marrakesch. Die Flut des Dekors und der Symbole, darunter natürlich König Manuels Armillarsphäre und Christusritterkreuze, lässt schwindeln. Es bedarf allerdings genauen Hinsehens, um diese Details zu erkennen, denn im Gegensatz zu der plakativen Symbolik, wie sie uns in der Klosterburg von Tomar (S. 94) oder im Hieronymitenkloster in Belém begegnet, sind die Dekorelemente, die von den Entdeckungsreisen, der Seefahrt, von Monstern und Schätzen erzählen, ungemein fein ausgearbeitet, ja oft nur angedeutet.

Manuelinisches Monument: das Portal der unvollendeten Kapellen

Ausgelassene Stimmung herrscht beim großen Festumzug in den Straßen Lissabons

Die Heiligen bitten zum Tanz

Im Juni geht ganz Portugal auf die Straße: Dann feiert das Land seine Volksheiligen und die Ankunft der Sardinenschwärme vor der Küste.

Verehrt und in Massen verzehrt: gegrillte Sardinen

PORTUGIESISCHER KARNEVAL

Es gibt kaum noch ein Durchkommen. Dicht an dicht drängen sich fröhlich feiernde Menschen entlang Lissabons Avenida da Liberdade und feuern die vorbeiziehenden Tanz- und Musikgruppen an. Fast meint man, beim Karneval in Rio de Janeiro gelandet zu sein, so ausgelassen ist die Stimmung, so bunt die Kostüme, so temperamentvoll die Rhythmen. Nicht nur Lissabon, ganz Portugal feiert im Juni seine »Santos Populares«, die Volksheiligen Santo António, São João und São Pedro. Und zugleich die ersehnte Ankunft der Sardinenschwärme vor der Atlantikküste. Deshalb werden die Festtage im Juni oft auch als »Festas da Sardinha« bezeichnet. Höhepunkte bilden die eigentlichen Festtage der Heiligen: In Lissabon mit eben dieser Parade am Abend des 12. und einer feierlichen Prozession am

Nachmittag des 13. Juni, wenn die Statue des Santo António aus seiner Kirche und durch die Alfama getragen wird. Doch der religiöse Hintergrund spielt bei den Santos Populares nur eine Nebenrolle – es geht ums Feiern und Genießen: Die mittelalterlichen Gassen der Alfama, aber auch anderer Viertel wie der Mouraria und des Bairro Alto sind mit Girlanden und Lampions geschmückt, und viele Anwohner haben Basilikumtöpfchen ins Fenster gestellt. Basilikum bringt Glück, erst recht, wenn man es der Angebeteten am Antoniustag schenkt. An jeder Straßenecke, auf jedem Platz werden Sardinen gegrillt. Und es gibt »caldo verde«, eine Suppe aus Weißkraut. Die Leute sitzen an improvisierten Tischen, essen, feiern und freuen sich über jeden, der sich dazugesellt.

SCHIFFSFEUERWERK UND SPRUNG INS WASSER

Was Santo António für Lissabon bedeutet, ist São João für Porto. Die Feierlichkeiten zu seinem Patronatstag am 24. Juni beginnen bereits am Abend davor, und zwar ebenfalls mit großem Sardinengrillen und -essen. Dazu gesellt sich der eigenwillige Brauch, seinen Mitfeiernden mit einem Plastikhammer auf den Kopf zu hauen. Ursprünglich tat man das mit einer Lauchstange, eine Art Fruchtbarkeitsritual. Höhepunkt der Festnacht ist ein Feuerwerk, das von Schiffen auf dem Douro aus gezündet wird. Traditionell feiert die Jugend die Nacht durch und begrüßt den Tag dann an den Stränden an der Douromündung mit einem Bad zu Sonnenaufgang.

Überall in Portugal ist der Juni der große Festmonat – ganz gleich ob man den Heiligen die Reverenz erweist, Sardinen grillt oder Popstars auf Freilichtbühnen zuhört. Je nach Ort begleiten Themenfestivals das Juni-Spektakel, und nicht überall stehen Sardinen im MIttelpunkt wie beispielsweise in Portimão. Mal geben Jazz, mal Fado, mal Pop oder Klassik den Aufhänger. São Pedro, der dritte »Volksheilige«, schließt am 29. Juni die Festas Populares mit dem Vierklang aus tanzen, feiern, Sardinen grillen und Caldo- verde-Essen ab.

Den ganzen Juni über herrscht Volksfeststimmung auf den Straßen

Mauren, Entdecker und Revolutionäre

Wie ein roter Faden ziehen sich Phasen der Fremdherrschaft durch Portugals Geschichte. Auf Römer folgten Araber und Spanier. Dennoch hat das Land eine sehr eigenständige Entwicklung genommen und mit seinen Schiffen die halbe Welt entdeckt.

KREUZRITTER VOR LISSABON

Seit der Eroberung der Iberischen Halbinsel durch muslimische Heere im 8. Jh. kämpften einheimische Adelige gegen die Fremdherrschaft durch die Mauren. Nachhaltige Erfolge gegen die nordafrikanische Übermacht konnten die Portugiesen allerdings nur im Norden erringen, wo die befreite Grafschaft Portucalia, Wiege des späteren Portugal, entstand. Um auch Lissabon und zentrale Landesteile zurückzugewinnen, verfiel König Afonso Henriques auf einen Trick: Als Schiffe mit europäischen Kämpfern des Zweiten Kreuzzugs am 16. Juni 1147 auf ihrem Weg von England nach Palästina in Porto zwischenlandeten, schickte Afonso ihnen Portos Bischof entgegen. Er äußerte die dringende Bitte, den König bei der Eroberung Lissabons zu unterstützen, und versprach die Plünderung der Stadt als Lohn. Die Kreuzfahrer zögerten, doch Afonso war bereits vor die Mauern Lissabons marschiert, und das in so drastischer Unterzahl, dass man ihm die Hilfe nicht verweigern konnte. Am 1. Juli stießen die Kreuzfahrer zum königlichen Heer, doch die Belagerung blieb zunächst erfolglos. Erst am 19. Oktober gelang es Flamen, Deutschen und Engländern, die Stadtmauer zu überwinden. Die Mauren gaben auf. Es sollte noch weitere hundert Jahre dauern, bis sie in ganz Portugal geschlagen waren. Doch Lissabons Eroberung hatte das entscheidende Signal für die Reconquista gesetzt.

Azulejos, die farbigen Wandkacheln, sind Zeugnis der jahrhundertelangen Maurenherrschaft, die 1147 endete

DAS GOLDENE ZEITALTER DER ENTDECKUNGEN

Stand er wirklich an diesem windumtosten Cabo de São Vicente, den suchenden Blick auf die tosende See gerichtet in Erwartung der Karavellen, die er losgeschickt hatte, um die Welt zu entdecken? Der 1394

Prinz Heinrich der Seefahrer blickt von der Spitze des »Denkmals der Entdeckungen« aufs Meer hinaus

geborene Prinz Heinrich der Seefahrer gilt als Vater der portugiesischen Entdeckungsfahrten, und man sagt ihm nach, er hättet in Sagres an der Algarve Historiker, Geografen, Meteorologen und Nautiker in einer interdisziplinären Akademie um sich versammelt, um das Projekt »Weltentdeckung« gemeinsam voranzutreiben. Konkret bedeutete dies: Die westafrikanische Küste entlang nach Süden segeln, und zwar über das berüchtigte Kap Bojador hinaus, hinter dem – das war allgemeine Überzeugung – die Welt endete. Mehrere gescheiterte und zwei erfolgreiche Expeditionen bestätigten Heinrichs Vermutung, dass es doch Küsten und Länder jenseits des Weltendes gab. Als der Prinz 1460 starb, hatten seine Kapitäne die Flüsse Senegal und Gambia befahren und waren bis ins heutige Sierra Leone vorgedrungen. Dann stockte das Projekt, bis König Manuel I. Vasco da Gama auf die Reise schickte. Er entdeckte schließlich 1497 den Seeweg nach Indien. 1500 landete Pedro Álvares Cabral an der brasilianischen Küste. Aus Indien, Fernost, Südamerika und Afrika transportierten die portugiesischen Schiffe Gold, Diamanten, Gewürze und Sklaven in die Heimat und begründeten damit Portugals goldene Ära.

Mit dreimastigen Karavellen durchquerten portugiesische Seefahrer die Meere

DAS GROSSE ERDBEBEN

Es war Allerheiligen, der 1. November 1755. Als die ersten Erdstöße um 9.40 Uhr Lissabon erschütterten, waren viele Stadtbewohner in den Kirchen versammelt, um der Heiligen und Toten zu gedenken. Etwa drei Minuten lang bäumte sich die Erde auf, Spalten brachen auf, Gebäude stürzten in sich zusammen. Auf 8,5 oder 9 wird die Stärke des Bebens auf der Richterskala geschätzt, dem zwei, drei kleinere Nachbeben folgten. Brände brachen aus in den zerstörten Häusern, und die Menschen flüchteten durch die heutige Baixa, dem am stärksten betroffenen Stadtteil, in Richtung Terreiro do Paço, also zum Königspalast, und zum Tejo. Zeitzeugen berichten, dass dessen Wasser gewichen war und die Schiffe auf trockenem Grund lagen, bis gegen halb elf eine Wasserwalze auf die am Hafen ausharrenden Ahnungslosen zuraste. Die meisten der geschätzten rund 30 000 bis 100 000 Todesopfer verschlang dieser Tsunami. Lissabon war zu 85% zerstört. In den Flammen verbrannten nicht nur Häuser, Hospitäler und der Königspalast, sondern auch die kostbare königliche Bibliothek mit Vasco da Gamas Aufzeichnungen seiner Seereisen.

Das Elend der Menschen im zerstörten Lissabon zeigt dieser alte Holzstich

NELKENREVOLUTION

1769 *Mit Geschick organisierte der Marquês de Pombal den Wiederaufbau des zerstörten Lissabon. Als Erster Minister führte er das Land mit seinen Reformen in die Moderne.*

Hitler und Franco waren längst Geschichte, doch in Portugal regierte immer noch António de Oliveira Salazar, ein faschistoider Greis mit der Vision eines »Estado Novo«, dessen essentielle Säule es war, das Volk von Bildung fernzuhalten – vier Jahre Grundschule galten als völlig ausreichend. 1926 begann diese düstere Ära für Portugal mit einem Militärputsch, wenige Jahre später übernahm Diktator Salazar die Macht und überzog das Land nach deutschem Vorbild mit Konzentrationslagern, Geheimgefängnissen und Spitzeln. 1968 übergab Salazar die Macht an Marcelo Gaetano, doch an den Verhältnissen änderte sich wenig. Bis zu jenem 25. April 1974, als linksgerichtete Militärs mit Unterstützung großer Teile der Bevölkerung den Estado Novo in einem friedlichen Putsch stürzten. Gaetano verschanzte sich

Mural eines Armeecaptains, der sich gegen das Regime stellte

am Largo do Carmo, wurde von Truppen umstellt und musste aufgeben. Der friedliche Putsch hatte ganze 18 Stunden gedauert. Nach einigen politischen Wirren im Anschluss fanden schließlich 1976 freie Wahlen statt.

25.4.1974
Die Lissabonner begrüßten die Putschisten mit roten Nelken und steckten sie in die Gewehrläufe. Die Nelke wurde zum Revolutionssymbol.

Am Puls der Zeit

Krise mit Happy End

Als Portugal 2011 unter den Euro-Rettungsschirm schlüpfte, ging wohl niemand in der Europäischen Union davon aus, dass es dem Zwerg am Westrand Europas besser ergehen könnte als dem Leidensgenossen Griechenland. 78 Milliarden Euro erhielt das ärmste Land Westeuropas, um den Bankrott abzuwenden. Doch bereits drei Jahre und ein Bündel harter Sparmaßnahmen später erklärte der damalige Regierungschef Costa, dass sein Land den Rettungsschirm geordnet und ohne Absicherung für den Krisenfall verlässt, was vielen EU-Sparbeamten Sorgenfalten auf die Stirn trieb. Mit der Fortsetzung der Sparpolitik ergänzt durch Investitionsanreize gelang Portugal der Umschwung: Knapp 13 % betrug die Arbeitslosenrate 2011, heute liegt sie bei rund 8 %. Mit 2,1 % Haushaltsdefizit lag 2017 die Neuverschuldung unter der von der EU geforderten Grenze von 2,5 %. Und die Wirtschaft wächst. Einen nicht unwesentlichen Beitrag leistet hierbei der Tourismus. In Zeiten islamistischer Anschläge weltweit erlebt das davon bislang nicht betroffene Portugal einen wahren Besucherboom.

Fátima – ein Dorf wird über Nacht zum Wallfahrtsort

Am 13. Mai 1917 trieben die Geschwister Jacinta und Francisco Marto zusammen mit ihrer Freundin Lucía dos Santos wie immer die Schafe auf die Weide. Doch an diesem Tag sollte sich ihr Leben und das ihres kleine Dorfes Fátima gründlich ändern.

DIE ERSCHEINUNG DER JUNGFRAU MARIA

Denn an diesem 13. Mai erschien den Hirtenkindern über einer Steineiche auf dem Feld die heilige Maria und kündigte an, dies jeden 13. der folgenden Monate zu wiederholen. Beim zweiten Mal hatten sich bereits Schaulustige versammelt, und beim dritten Mal, am 13. Mai, enthüllte die Erscheinung den Kindern drei Geheimnisse, die erst Jahre, eines sogar Jahrzehnte später, durch den Vatikan öffentlich gemacht wurden. Die letzte Marienerscheinung ereignete sich am 13. Oktober, dann bereits vor Zehntausenden von Pilgern und verbunden mit einem »Sonnenwunder«, das alle Anwesenden bezeugten. Fátima wurde zum Wallfahrtsort. Bereits ein Jahr später hatte man an der Stelle, an der Maria das erste Mal zu den Kindern gesprochen hatte, eine kleine Kapelle errichtet. Heute befindet sich hier die »Erscheinungskapelle«, in der eine Marienstatue dort platziert ist, wo der Eichenbaum stand. 1928 begann der Bau der Rosenkranzbasilika im Stil des Neo-Barock. Die katholische Kirche erkannte in Gestalt des zuständigen Bischofs von Leira Erscheinung und Wunder 1940 an und erlaubte die Verehrung von »Unserer Lieben Frau von Fátima«. Schon bald waren die Einrichtungen für den schnell anschwellenden Strom der Wallfahrer zu klein, sodass die Messen teilweise auf den Vorplatz der Basilika verlagert werden mussten.

Angebetet: »Unsere Liebe Frau von Fátima«

DIE DREI PROPHEZEIUNGEN MARIAS

Fátimas besondere Bedeutung für die katholische Kirche machen u. a. jene »drei Geheimnisse« bzw. Prophezeiungen aus, die Maria den Kindern übermittelte. Die erste beschwor die Vision von Höllenqualen und war nicht mit einer Botschaft verbunden. Die zweite wurde erst 1940 veröffentlicht und als Beweis dafür angesehen, dass die Erscheinung das Ende des Ersten Weltkriegs voraussagte und mit dem Ausbruch eines zweiten drohte, sollten die Menschen nicht zu Gott zurückfinden. Vom dritten Geheimnis erfuhr die Welt erst 2000 durch Kardinal Joseph Karl Ratzinger. In katholischer Interpretation hatte Maria damit das Attentat auf Papst Johannes Paul II. im Jahr 1981 prophezeit.

Blick durch die Kolonnaden der zu Ehren Marias errichteten Rosenkranzbasilika

ANDRANG UND KOMMERZ STATT STILLER ANDACHT

Das Dorf Fátima ist heute nicht wiederzuerkennen. Der sakrale Bezirk beherrscht das Zentrum des 12 000-Einwohner-Städtchens; fast immer liegt eine Rauchwolke verbrennenden Wachses über dem Ort, Pilgerhotels und Devotionaliengeschäfte sowie Heerscharen von Wallfahrern prägen das Bild. Momente der Besinnung und Andacht stellen sich nur schwer ein angesichts der Monumentalität des Komplexes und der Geschäftstüchtigkeit, mit der das Marienwunder vermarktet wird. Und doch zählt Fátima zu den fünf bedeutendsten Wallfahrtsorten des katholischen Glaubens.

Der Tag der Erscheinung wird alljährlich mit einem Festgottesdienst begangen

Ein Surfer in Peniche genießt den Kick, im Wellentunnel zu reiten

Coole Rides auf großen Wellen

Die Strömungen des Atlantik und spezielle Windverhältnisse machen Portugal zum Surfparadies. Junge Menschen mit dem Surfboard trifft man an fast allen Stränden. Professionelle Big-Wave-Surfer pilgern nach Nazaré, dem Mekka der Reisenwellen.

Surfen ist Sport, zugleich aber auch Lifestyle

Da stehen sie nun in Reihen versetzt hintereinander, Neoprenanzug an, Board unter den Arm geklemmt, und starren aufs Meer. Hoffen auf den einen richtigen Moment, die perfekte Welle zu erwischen. Rennen los, wenn sie meinen, diese entdeckt zu haben, werfen das Brett auf das Wasser, paddeln auf dem Bauch auf sie zu. Stehen auf und gleiten auf ihr zurück Richtung Strand. Springen schließlich ab und nehmen das Board wieder unter den Arm. An Portugals Küsten führt kein Blick und kein Weg an diesem »Verkehrsmittel« vorbei: dem Surfbrett.

Das Gerät, auf dem sich heutzutage nicht nur die vielen ausländischen Surffans, sondern auch zahllose Portugiesen den Wellen des Atlantiks stellen, ist kein genuin portugiesisches Produkt, aber dennoch überall entlang der Küste vertreten. Es liegt ordentlich aufgereiht an jedem Strand, der sich zum Wellenreiten eignet, es schmückt als Logo Surfer-Cafés und -Bars, es grüßt von Dachträgern altersschwacher VW-Busse oder vom Gepäckständer eines Fahrrads. Nicht zu vergessen: Es wird ständig und überall herumgeschleppt, meist von braungebrannten jungen Menschen, denn es ist weit mehr als nur ein Sportartikel. Es verkörpert das Gefühl von Freiheit, Spaß und unkonventioneller Lebensführung.

Surfen war in Portugal nicht bekannt, bis um das Jahr 1927 Wellenreiter am Strand von Leça da Palmeira mit »Bellyboards« ihre ersten Surfversuche machten. Die kurzen, aus Holz geformten Bretter hatten ihren Weg von Hawaii über Südafrika nach Cornwall genommen, wo sogar Meisterschaften im Bellyboarding abgehalten wurden. Erst in den 1950er- und 1960er-Jahren wagten Portugiesen ihre ersten Surfversuche auf langen Boards, wurden aber von den Bademeistern sofort aus dem Wasser gepfiffen. Da Surfbretter weitgehend unbekannt waren, hielten die Ordnungshüter die Surfer für verantwortungslose Schwimmer, die sich trotz aufgezogener roter Fahne ins Wasser wagten. Einen richtigen Boom erlebte der Surfsport nach der Nelkenrevolution in den 1980er Jahren, und den Sprung in die Weltklasse der Big-Wave-Surfer unternahm Portugal schließlich 2012, als der aus Hawaii stammende Amerikaner Garret McNamara in Nazaré eine Monsterwelle ritt. Seitdem wird Nazaré in einem Atemzug mit Hawaii genannt. Zuletzt wurde hier 2017 ein Weltrekord aufgestellt.

Einsteiger beim Trockentraining auf dem Strand

Basiswissen: Wie ein Surfbrett aufgebaut ist

Der Hartschaumkern wird mit Glasfasergewebe umhüllt, das meist mit Polyester beschichtet ist. Es gibt auch Boards aus Holz, und in jüngster Zeit werden in Portugal sogar Surfbretter aus Kork hergestellt. Im Durchschnitt ist ein Longboard rund 2,50 m lang; das Shortboard ist kürzer und dadurch schwerer zu handhaben. Wichtig ist außerdem das Design: Bunt sollte es sein, der Fantasie der Designer scheinen keine Grenzen gesetzt (mehr Infos auf meerdavon.com).

Hauptstadt der Straßenkünstler

Angefangen hat es im 18. Jh. mit den Azulejos an den Hausfassaden. Nach der Nelkenrevolution kamen sozialistisch-revolutionäre Wandbilder dazu. Und heute sprayen, malen, gestalten die angesagtesten Street-Art-Künstler Lissabon zum Graffiti-Mekka.

Teamwork
Die Brasilianer Os Gémeos, Blu und Eric Il Cane aus Italien sowie der Spanier SAM3 malten die Riesen-Graffitis Ecke Rua Andrade Corvo.

Bei der Taxifahrt vom Flughafen in die Innenstadt tauchen sie rechts auf der viel befahrenen, von modernen Geschäftshäusern gesäumten Av. Fontes Pereira de Melo auf wie Relikte eines anderen Zeitalters: drei verfallene, abbruchreife Art-déco-Häuser. Im schick-modernen Ambiente des Stadtteils Avenidas Novas fragt man sich unwillkürlich, warum reißt das niemand ab? Weil das Kunst ist, über und über bemalt mit überdimensionalen Graffitis! Ein Riesenkrokodil, ein sechs Stockwerke großer Einbrecher, der aus dem blinden Fenster springt, ein exotischer Vogel. Ein bisschen schräg, total spannend und nicht zufällig ausgerechnet in Lissabon. Die portugiesische Metropole ist auf dem Weg, sich zur europäischen Hauptstadt der Street Art zu mausern.

Künstler mit der Spraydose an einer Hauswand

STREET ART ALS POLITISCHER SEISMOGRAPH

Auslöser dafür war das von portugiesischen und internationalen Street-Art-Künstlern 2011 ins Leben gerufene CRONO-Projekt, bei dem auch die Werke an der Av. Fontes Pereira de Melo entstanden. Die Aktion fand international große Beachtung, sodass sich auch Lissabons Stadtverwaltung anschloss und eine eigene Open-Air-Galerie ins Leben rief. Beidseits der steilen Calçada da Glória, durch die die gleichnamige Standseilbahn ins Bairro Alto hinaufklettert, verewigen sich Graffiti-Künstler in der Galeria de Arte Urbana auf extra dafür bereit-

Blickfang: das »Grüne Krokodil« an der Avenida Fontes Pereira de Melo

gestellten Paneelen. Darunter ist auch eine interessante Arbeit des Portugiesen Nomen, A Ultima Ceia: Auf dem Höhepunkt der Wirtschaftskrise 2012 arrangierte er die Köpfe bekannter Politiker zu einem »Letzten Abendmahl«. Jedes Jahr kommen neue Motive hinzu, so 2017 das in seiner fröhlichen Popfarbigkeit ins Auge springende Bild eines Fisches, das allerdings ein sehr trauriges Thema aufnimmt: die Flüchtlingskatastrophe im Mittelmeer. Der ecuadorianische Künstler KST schuf es 2017 auf der Durchreise bei einem Stopp in Lissabon.

STREET ART JA, ANARCHIE NEIN

Street Art *verkauft der Underdog Art Store (Rua da Cintura do Porto de Lisboa, Armazém A, Nr. 20, Cais do Sodré, www.under-dogs.net).*

Von den ungebändigten Aktionen wilder Sprayer ist die Lissaboner Street Art meilenweit entfernt. Ihre Arbeitsflächen werden von der Stadtverwaltung bereitgestellt. Häufig handelt es sich um marode Altbauten oder Giebelfronten, denen die Aktion Leben und Ästhetik einhaucht. Keine ungeschickte Strategie in einer Stadt mit so unendlich viel historischer Bausubstanz, die zum Teil so heruntergekommen ist, dass eine Nutzung nicht mehr möglich wäre, so wie an der Av. Fontes Pereira de Melo. Gleiches gilt für aufgelassene Fabriken, das Werftgelände, Hafenanlagen. Mit ein bisschen Farbe bekommen sie ein neues, freundliches Gesicht.

DER SCHNELLE WEG ZUR KUNST

Die meisten Protagonisten der Street Art verstehen sich als Künstler, und einige werden mittlerweile in Galerien auch als Künstler gehandelt. Berühmtester Sohn der Stadt ist Alexandre Farto aka Vhils (geb. 1987), dessen

Breite Szene
Lissabon ist Portugals Street-Art-Mekka, aber auch in anderen Städten wie Porto und Lagos lohnt es sich, danach zu suchen.

Wandbilder weit über einfache Street-Art-Kompositionen hinausgehen. Vhils arbeitet mit verschiedensten, auch traditionellen Techniken und verwendet anonyme oder bekannte Gesichter als Motive: Sein berühmtestes Werk ist wohl das aus vielfarbigen Pflastermosaiksteinchen zusammengesetzte Portrait der Fado-Diva Amália Rodrigues, das er 2015 in einer Gasse der Alfama an eine geschwungene Mauer verlegte (Calçada do Menino de Deus). Nicht weit entfernt findet sich eines seiner ersten Street-Art-Reliefs von 2012, das aus dem Putz herausgekratzte Gesicht eines anonymen Alfamabewohners (Travessa das Merceeiras). Wie etabliert Vhils bereits ist, belegen seine Arbeiten für das Teatro Donna Maria II. am Rossio: Dort schmückte er den Salão nobre mit Portraits berühmter Sängerinnen und Sänger.

WO ALLES BEGANN

Der Weg von der Praça Marquês de Pombal hinauf nach Armoreiras ist steil, lohnt aber die Mühe. Die Mauern eines ehemaligen Militärgeländes boten ab Mitte der 1990er-Jahre Street-Art-Kreativen ideale Arbeitsflächen. Heute sind an der viele hundert Meter langen Bildergalerie Werke verschiedenster Epochen und Künstler zu sehen. Zu den auffälligsten zählt »Marionetas de Merkel« (Merkels Marionetten), auf dem die deutsche Bundeskanzlerin portugiesische Politiker als Marionetten tanzen lässt (Gemeinschaftswerk von Nomen, Slap und Kurtz). Von dieser ersten Freiluftgalerie breitete sich Street Art über die ganze Stadt und auch über ganz Portugal aus. Hotspots sind die Viertel Mouraria und

Unter dem Pseudonym »Vhils« (vhils.com) wurde der Street Artist Alexandre Farto weltbekannt

Nützliche Infos für Street Art-Fans

Führungen zur Street Art in Lissabon organisieren Lisbon Street Art Tours (Tel. 920232229, https://lisbonstreetarttours.wordpress.com, Treffpunkt ist die Praça Martim Moniz, im Sommer Mi und So um 10 Uhr, im Winter Mi 10.30, Sa 15 Uhr, online-Anmeldung erforderlich). In der Buchhandlung Ler Devagar in der LX Factory sowie in gut sortierten Souvenir- und Buchläden ist der kleine Führer »Street Art Lisboa« mit Stadtplan erhältlich. Auch die App »Lisbon Street Art« (für Android) hilft beim Auffinden und Verstehen der Bilder.

Das berühmte Mural von Alexandre Farto aka Vhils zeigt die Fado-Diva Rodrigues

Alfama sowie das ehemaligen Hafengelände Alcântara, wo wilde Graffiti und städtisch geförderte Wandbilder geradezu explodieren. Besonders rund um das alternative Kultur-, Shopping- und Nightlifeprojekt LX Factory (S. 78) wird gesprayt und gepinselt, wo immer es nur geht. Darunter sind Arbeiten von Bordalo II, Pedro Zamith, Gonçalo Mar und The Caver.

Beliebtes Fotomotiv: Graffiti in den Straßen des Alfama-Viertels

In Lissabons Altstadtkneipen wird allabendlich die Kunst des Fado zelebriert

Mit Rock und Pop in die Moderne

Der Hang zum dramatischen Auftritt ist geblieben, aber sonst verbindet die jungen Stars des Fado nur noch wenig mit den alten Granden. Traditionen schön und gut, aber warum nicht mal was Neues wagen – das scheint das Motto des Fado Novo zu sein.

MARIZA UND M-PEX

Paradebeispiel ist Mariza, die mit blondiertem Kurzhaarschnitt auftrittt. Wobei ihr für Fado-Sängerinnen unkonventionelles Äußeres nur ein Nebenaspekt der Neuinterpretationen und genreübergreifenden Experimente ist, die sie wagt. Die in Mosambik geborene Sängerin fand über Latin und Jazz erst spät zum Fado, gilt aber in Portugal als eine seine bester Interpretinnen und wird oft mit der Grande Dame Amália Rodrigues (1920–1999) verglichen. Die hätte sich allerdings wohl eher geweigert, ein Fado-Duett mit dem britischen Popstar Sting aufzunehmen, wie Mariza es 2004 tat. Oder gar einem Remix zugestimmt, der 2013 einen von Marizas berühmtesten Fados, »Meu Fado Meu«, in einen Deep House-Song verwandelte, auf den jetzt die Electro-Gemeinde tanzt. Einen radikalen Schritt weiter geht der Gitarrist M-Pex, bürgerlich Marco Pinheiro Miranda. Bereits als kleiner Junge wollte er in die Fuß-

Kassenfüller
Die Auftritte der Stars des Fado Novo finden meist in Konzertsälen, ja oft sogar in Stadien statt und sind fast immer ausverkauft.

stapfen seines berühmten Großvaters Luís Pinheiro treten, einem der besten Fado-Gitarristen des Landes. In jungen Jahren begleitete er ihn oft auf der Portugiesischen Gitarre. Doch irgendwann gewann seine zweite große Liebe, die zu Dub, Trip-Hop und Drum 'n' Bass, die Oberhand, und M-Pex begann, mit den verschiedenen Stilen zu experimentieren. Das faszinierende Ergebnis ist auf seinem Album «Phado« nachzuhören.

ANA MOURA UND MÍSIA

Die Schützenhilfe internationaler Popgrößen wie Mick Jagger und Prince hievte auch Ana Moura auf Bühnen außerhalb Portugals. Jahrelang hatte sie in Lissabons Fado-Kneipen gesungen, bis die Rolling Stones sie 2007 zu einem Gastauftritt einluden. Prince holte sie in die USA, wo sie bis heute ihre Alben aufnimmt. Ihre erste in Los Angeles produzierte Platte hieß provokativ »Desfado« (Nicht-Fado) und ließ vom traditionellen Fado kaum mehr erkennen als den Klang der Portugiesischen Gitarre und die gesungene Melodie. Als Botschafterin des Fado Novo hat auch Mísia internationale Karriere gemacht. Ihre Spezialität: ein maskenhaft geschminktes Gesicht, die Vertonung literarischer Texte sowie die ungewöhnliche Instrumentalbegleitung, z.B. mit Akkordeon. Mísia ist zur Kultfigur avanciert, für die selbst Nobelpreisträger José Saramago Liedtexte schrieb. An der großen Amália Rodrigues kommt aber auch sie nicht vorbei. Ihr 2015 erschienenes Album heißt »Para Amália«.

Mariza ist zugleich Popstar und neue Grande Dame des Fado

Wo man guten Fado hört

Der Gitarrist Mário Pacheco hat 1995 in der Alfama den »Clube de Fado« (Rua S. João Praça, 86–94, www.clube-de-fado.com, tgl. 20–2 Uhr) eröffnet, der regelmäßig hochkarätige Gastmusiker einlädt. Unter Fado-Fans hoch gehandelt werden auch das »Sr. Fado« der Sängerin Ana Marina (Rua dos Remédios 176, www.sr-fado.com, So–Do 19–1.30, Sa, So bis 3 Uhr) sowie das »Tasco da Chica« (R. do Diàrio de Notícias 39, Mi, Do, Sa, So 19.30–24 Uhr).

Störche, Templerburgen, einsame Badebuchten

Auf gut ausgebauten, aber teils schmalen Nebenstraßen und vorbei an geschichtsträchtigen Städten und malerisch auf Bergkuppen thronenden Dörfern erkunden Sie auf dieser Route bekannte wie unbekannte Schönheiten des Alentejo. Entlang der wildromantischen Costa Vicentina erreichen Sie schließlich die Algarve. Badesachen nicht vergessen!

Die Tour auf einen Blick:

Start: Lissabon **Ziel:** Lagos
Gesamtlänge: 820 km
Reine Fahrzeit: 21 Std. (Viertagestour)
Orte entlang der Route: Lissabon – Setúbal – Alcácer do Sal – Évora – Alqueda-Stausee – Mértola – Beja –Sines – Monchique – Sagres – Lagos

E1 VON LISSABON BIS ALCÁCER DO SAL

(130 km, 4 Std.)

Eine kurvenreiche Bergfahrt und eine Fährpassage bringen Sie an den Rio Sado zu Störchen und archaischen Fischerhütten

Autofähre
Die Fährverbindung Setúbal – Troia wird mindestens stündlich angeboten (www.atlantic ferries.pt).

Erstmal sind gute Nerven gefragt, denn Lissabons Stadtverkehr ist nicht ohne. Auf der N6 am Tejo entlangfahrend erreichen Sie die Ponte 25 de Abril, überqueren den Fluss und folgen der A38 nach Costa de Caparica, dem Lieblingsbadeort der Hauptstädter. Vorbei an Feriensiedlungen und Stränden geht's nach Süden und schließlich über A33 und N10 nach Azeitão. Hier beginnt der reizvolle Parque Natural da Arrábida, den eine kurvenreiche Bergstraße durchquert. Am Meer angekommen bieten sich Abstecher zu den Stränden im Südwesten rund um den Fischerort Portinho da Arrábida an (plus 18 km hin und zurück). In der Hafenstadt Setúbal steuern Sie den Fähranleger an und setzen nach Tróia (S. 153) über. Hübsch ist die Fahrt entlang der schmalen Halbinsel auf der N253 nach Südosten bis Comporta, das mit seinen dekorativ gestrichenen Häusern einen adretten Mittelpunkt des Reis-

ADAC Traumstraße: Etappen 1 bis 5 (Detailplan siehe Faltkarte Rückseite)

anbaugebiets abgibt. 5 km sind es nach Carrasqueira mit dem Cais Palafitico (Hinweisschildern folgen): Hier errichten die Fischer ihre Hütten wegen der starken Gezeitenwechsel auf hohen Stelzen – ein tolles Fotomotiv! Und die Route bleibt sehenswert: Durch eine von Reisfeldern und unzähligen nistenden Störchen geprägte Landschaft bringt Sie die N253 schließlich an den Rio Sado und das bezaubernde Alcácer do Sal (S. 152). Reservieren Sie für das Abendessen in der Pousada einen Tisch mit Aussicht auf den Fluss!

Hoteltipp
Stilvoll übernachten Sie in der Pousada von Alcácer do Sal, die romantisch in der Burg über dem Ort residiert (www.pousadas.pt).

E2 VON ALCÁCER DO SAL BIS ÉVORA

(Länge 90 km, 2 Std.)

Eine kurze Tagesetappe durch charakteristische Alentejo-Landschaft, damit Zeit bleibt für Évoras historische Sehenswürdigkeiten. Der Cromleque dos Almendres entführt in graue Vorzeit

Verlassen Sie Alcácer do Sal auf der Regionalstraße N253 und fahren Sie gemächlich durch den fruchtbaren Alentejo, vorbei an Korkeichen- und Olivenhainen, bis Montemor-o-Novo, wo sich nach knapp 50 km eine kleine Rast anbietet. Der Ortsname »o-Novo«, das Neue, bedeutet keineswegs, dass das Provinzstädtchen keine Geschichte besitzt; es erhielt ihn von König Sancho I. im Jahr 1203, der das im Alentejo gelegene Montemor so gegen das weiter nördlich gelegenen, Montemor-o-Velho abgrenzte. Ein Spaziergang um die erstaunlich gut erhaltene,

Achtung!
Wenn Sie keinen Pkw mit hohem Radstand oder ein SUV fahren, gehen Sie das nicht asphaltierte Stück zum Cromleque dos Almendres besser zu Fuß!

Wer ein Fahrrad mitführt, kann die Natur des Alentejo in Muße erkunden

Hoteltipp
Die Vila Galé in Evora bietet modernen Komfort am Rand der Altstadt (www.vilagale.com).

nördliche Burgmauer, dann geht's weiter in Richtung Évora. Ein kurzes Stück fahren Sie auf der A6, biegen aber dann auf die N114 in Richtung Évora und kurz darauf auf die CM1075 in Richtung Nossa Senhora da Guadalupe ab. Ein Schild im Ort weist zum Cromleque dos Almendres (S. 149), den Sie vorsichtig auf unbefestigter Straße fahrend 3 km westlich erreichen. Auf gleichem Weg zurück sind es dann auf der N114 noch 10 km bis Évora (S.146). Hier haben Sie Zeit für die Besichtigung der Highlights dieser geschichtsträchtigen Stadt. Stärken Sie sich zwischendurch mit pudrig-süßen »pasteís de nata« von der Fábrica dos Pastéis (S. 148)!

E3 VON ÉVORA BIS BEJA

(240 km, 6 Stunden)

Blickfang
Der Alqueva-Stausee gilt wegen des besonders klaren Sternenhimmels als internationale Dark Sky Reserve (www.darkskyalqueva.com).

Für die lange Etappe durch den östlichen Alentejo lohnt es sich, früh aufzustehen. Am Weg liegen wehrhaft befestigte Städte und ein Stausee, der zum Baden lädt

Zügig bringt Sie die N256 nach Südosten. Kurz vor Erreichen des Alqueva-Stausees unternehmen Sie einen Abstecher ins schmucke Bergstädtchen Monsaraz (S. 145) und setzten dann die Fahrt in das malerisch auf einer Hügelkuppe gelegene Murão fort. Auch hier locken mittelalterliches Flair und eine herrische, ab dem 13. Jh. errichtete Burg mit sechs Türmen und teils gotischen Tordurchgängen. Schön ist der Blick auf den Stausee, an dessen Ufer die Praia fluvial, ein Flussbad, Erfrischung verspricht. Der schmalen, aber gut ausgebauten M517 folgen Sie nun am Ostrand des Stausees und unweit der Grenze zu Spanien nach Süden. Korkeichenbäume stehen einsam in der kargen, völlig ebenen Landschaft; Sie überqueren einen Seearm und erreichen, nun wieder durch grünes Ackerland fahrend, Moura auf seiner Hügelkuppe. Moura, die »Maurin«, heißt der Ort, weil hier noch lange nach der Reconquista Muslime lebten; das Viertel Mouraria hat orientalisches Flair bewahrt. N392 und N265 bringen Sie schließlich nach Mértola (S. 151) mit weiteren faszinierenden Spuren der islamischen Epoche. 50 km auf der schnellen IC27, und Sie haben das Etappenziel Beja (S. 150) erreicht.

Mittagstisch
In Mouras »Taberna de Liberato« (Rua da Mouraria 2a) können Sie sich für die Weiterfahrt stärken.

Hoteltipp
Bequem und altstadtnah übernachten können Sie im Beja Parque Hotel (www.bejaparquehotel.com).

E4 VON BEJA BIS ZAMBUJEIRA DO MAR

(170 km, 4 Stunden)

Vom Landesinneren fahren Sie an die Costa Alentejana, an der sich Badeorte, Traumbuchten und steile Felsklippen abwechseln

Wenn am Vortag nach der Ankunft in Beja keine Zeit mehr blieb, das Museo Regional (S. 150) zu würdigen, haben Sie nach dem Frühstück Gelegenheit dazu, bevor Sie auf der N121 nach Westen zum 79 km entfernten Santiago do Cacém starten. Nach der langen Strecke empfiehlt sich eine kleine Pause, vielleicht mit einem Spaziergang entlang der alten Templerburg, in der sich heute ein malerischer Friedhof befindet. An der Pfarrkirche können Sie ein gotisches Seitenportal entdecken! Zum nächsten Stopp in Sines (S. 153) sind es noch 18 km. Nach dem Stadtbummel kehren Sie im Restaurant Cais da Estação zum Mittagessen ein – frischer Fisch ist garantiert (www.caisdaestacao.com). Folgen Sie dann der M1109 an der

Wild und urwüchsig zeigt sich die Felsküste in Porto Covo bei Sines

Am Etappenziel Zambujeira do Mar lockt ein Bad im Meer

Küste entlang nach Süden ins 20 km entfernte Porto Covo (S. 153) mit seinen Traumstränden. Weitere 20 km auf der CM1072 südwärts fahren Sie durch flache Landschaft ein gutes Stück landeinwärts an der Küstenlinie. Immer wieder führen Stichstraßen zu Feriensiedlungen am Meer oder zu wenig besuchten Buchten. Vila Nova de Milfontes liegt hübsch an der Mündung des Rio Mira in den Atlantik. Sie können hier also im Meer oder im wärmeren und ruhigeren Fluss baden. Die N393 bringt Sie nach wie vor durch weitgehend ebenes, landwirtschaftlich genutztes Küstenhinterland 20 km weiter zum Weiler Cavaleiro und von dort zum Leuchtturm am dramatischen Felskap des Cabo Sardão. Achten Sie auf die Störche, die ihre Nester in die Felsen gebaut haben! 11 km sind es noch bis zum heutigen Etappenziel Zambujeira do Mar.

Hoteltipp
Das Öko-Resort ZMAR (www.zmar.eu) empfiehlt sich bei Zambujeira zur Übernachtung.

E5 VON ZAMBUJEIRA DO MAR NACH LAGOS

(190 km, 5 Stunden)

Ein kurzer Abstecher in die Gebirgslandschaft der Serra de Monchique, dann folgen Sie der wild zerklüfteten Küste der Costa Vicentina an den legendären Cabo de São Vicente und ins Algarvestädtchen Lagos

Verlassen Sie Zambujeira auf der M502 nach S. Teotónio und biegen Sie dort auf die M501 nach Monchique ein, die auf das in der Ferne sichtbare Bergland zuführt und schließlich heftig mäandernd durch Pinien- und Eukalyptuswälder nach 51 km das 458 m hoch gelegene Städtchen Monchique erreicht. Nach der kurvenreichen Fahrt tut es gut, sich die Beine bei einem Bummel durch die Gassen rund um den Stadtplatz Largo 5 de Outubro zu vertreten, bevor es weitergeht ins 6 km entfernte Kurbad Caldas de Monchique. Mit seinem nostalgischen Charme ist es ideal für eine Kaffeepause unter Palmen. Nun folgen Sie der N267 32 km bergab und nach Westen nach Aljezur. Ein hübsches Dorf, doch der Clou sind die Strände, so die Praia da Amoreira, wo die Ribeira de Aljezur ins Meer mündet (8 km nach Westen)! 20 km

Der beliebte Ferienort Lagos ist die Endstation der viertägigen Tour

auf der N268 nach Südwesten erwarten Sie rund um Carrapateira weitere tolle Strände. Über Vila do Bispo führt Sie die N268 schließlich 30 km weiter nach Sagres (S. 167) und 5 km weiter an den stürmischen Cabo de São Vicente (S. 167). Spätestens hier ist Zeit für die Mittagsrast! Dann geht's zurück bis Vila do Bispo und auf der N125 nach Osten, mit Abstechern ans Meer: Zum Beispiel bei Raposeira, wo Sie nach 7 km eine idyllische Bucht erreichen oder 10 km weiter östlich die beliebte Praia da Salema. Auf küstennaher Straße erreichen Sie über Burgau schließlich Lagos (S. 166) mit der malerischen Felsformation Ponta da Piedade.

Zurück zum Ausgangspunkt: Auf den Autobahnen A22 und A2 sind es rund 300 km zurück nach Lissabon; geschätzte Fahrtzeit knapp 3 Stunden.

Hoteltipp
Vor der Rückreise bietet sich ein Stop-over im Carvi Beach Hotel (www.carvibeachhotellagos.com) an.

Der Leuchtturm am Cabo de São Vicente markiert die Südwestspitze Europas.

Unterwegs

Stolze Burgen und wehrhafte Kirchen, weiße Fassaden und rote Dächer sind in ganz Portugal zu finden – und nicht selten sind sie auch besonders malerisch arrangiert wie hier in Óbidos

Das will ich erleben

Baden, Golfen oder Wandern, Museen erkunden oder durch Städte spazieren, Läden und Märkte durchstöbern? Portugal bietet all das und viel mehr. Die Geschichte ist garniert mit Menhiren und Steinkreisen, römischen Foren und Brücken, islamischen Ornamenten und Moscheen, Klöstern und Kirchen, Burgen, Palästen und Villen. Die Küsten mit Sandstränden im Westen und Felsbuchten an der Algarve sind die Tapete für schönste Erinnerungen. Berge und Hochebenen, Landschaften voller Olivenbäume und Korkeichen, dichte Wälder mit Walnussbäumen und Eichen laden zu einer Entdeckungsreise ein.

10

Gemauerte Geschichtszeugen

Bereits die Römer besetzten Portugal, ihnen folgten Vandalen, Westgoten und Muslime. Und dann entdeckten die Portugiesen die Welt und brachten Gold, Silber und schönste Kunstwerke nach Hause.

1

Interessante Ausstellungen

Museen und Ausstellungen sind zahllos, auch der kleinste Ort nennt ein Stadtmuseum sein Eigen.

Beeindruckende Sonnenuntergänge

Sonnenuntergänge sind das Nonplusultra eines Urlaubs, und in Portugal kann man sie in vollen Zügen genießen.

Charmante Städtchen

Hütten aus Schiefer verstecken sich in tiefen Wäldern, Häuser aus Granit stehen stolz und hoch über dem Land, weiß gekalkte Gassen schlängeln sich an Hängen entlang – und fast immer halten wehrhafte Mauern das Böse fern von den Bewohnern.

Feine Strände

Fast 2000 Kilometer Küste – die Weststrände sind lang und breit. Im Süden herrschen Felsbuchten vor.

Historische Kaffeehäuser

Auch wenn die Engländer Portugal lieben, ihre Teekultur konnten sie nicht erzwingen, Portugal blieb Kaffeeland. Schon vor weit über 100 Jahren boomten Kaffeehäuser.

Beliebte Promenaden

Flanieren ist des Bürgers Pflicht und sein Vergnügen. Und Portugiesen sind begeistert mit dabei: am Meer, an einem Flussufer und auf den Plätzen.

Romantische Burgen

Wenn jemand das Prädikat »Land der Burgen« verdient, dann Portugal. Auf jedem Hügel steht eine Festung. Und nicht nur an der spanischen Grenze – das Hin und Her bei der christlichen Rückeroberung hat alle Parteien an allen Stellen zu Wehrbauten animiert.

Erfrischende Naturerlebnisse

Nur 70 Menschen leben auf einem Quadratkilometer, viele von ihnen in den städtischen Großräumen. Platz gibt es also genug. Besonders schön sind die Gegenden in Richtung der spanischen Grenze.

Herrliche Panoramen

Hügel und Bergwelt bieten eine Vielzahl von Aussichtspunkten. Oder besteigen Sie einen der Burgtürme. Sie dienten ja schon immer als Ausguck.

Quirlige Märkte

Urlaub im Süden ohne Märkte geht gar nicht. Natürlich haben sich heute auch so einige Souvenirhändler zwischen die Bäuerinnen in den Obst- und Gemüsehallen gedrängt.

Lissabon und Umgebung – das Tor zur Welt

Die Hauptstadt Portugals umgeben elegante Strandbäder und eine wunderschöne Hügelwelt voller Paläste und Klöster

Die Stadt an der Mündung des breiten Tejo lockt mit prächtigen Palästen und Kirchen, mit großzügigen Plätzen und Avenuen, aber auch mit verwinkelten, mittelalterlichen Vierteln. Nur wenige Kilometer Richtung Atlantik warten der historisch bedeutsamste Hafen des portugiesischen Weltreichs – Belém – und die Badeorte Estoril und Cascais, in denen die Belle-Époque-Protagonisten die Sommersaison elegant-gelangweilt verlebten. Nördlich wellen sich grüne Hügel in den Horizont, auf den Kuppen thronen Burgen und Paläste, in die Täler schmiegen sich malerische Orte. Monumentale Brücken über den Tejo verbinden die Hauptstadt Portugals mit dem Süden des Landes, mit der Halbinsel von Setúbal und deren endlos langen Stränden der Costa Azul.

In diesem Kapitel:

ADAC Top Tipps:

1 Museu Nacional de Arte Antiga, Lissabon
| Museum |
All das, was eine große Nation an Kunst hervorgebracht hat, erlaubt einen Blick auf das Wesen der Portugiesen. 75

2 Torre de Belém, Lissabon
| Historisches Gebäude |
Nur wenige Bauwerke symbolisieren so sehr das Goldene Zeitalter der portugiesischen Entdeckungen wie der manuelinische Turm. 80

3 Palácio Nacional de Queluz, Queluz
| Schloss |
Der Palast konkurriert mit den schönsten Schlössern Europas wie Versailles oder Sanssouci. 84

ADAC Empfehlungen:

1 Museu Nacional do Azulejo, Lissabon
| Museum |

Azulejos gehören wie Fado zu Portugal, weiß-blau oder auch ganz bunt: Hier gibt's den besten Überblick. 69

2 Elevador de Santa Justa, Lissabon
| Historischer Aufzug |

Seit über 100 Jahren transportieren die Jugendstil-Kabinen Einheimische und Touristen. 73

3 O Faia, Lissabon
| Restaurant |

Wer den besten Fadistas der Stadt zuhören will, macht dies am besten bei einem Abendessen. 77

4 LX Factory, Lissabon
| Einkaufen |

Wildes Gewusel, Klamotten und Schrott, Schönes und Nutzloses, Jahrmarkt und Alternativszene. 78

5 Casa Piriquita, Sintra
| Café |

Hier wandert seit über 150 Jahren Süßes über den Tresen, auch der nach einem Geheimrezept hergestellte »travesseiro«. Immer umlagert – auch von Einheimischen. 84

1 Lissabon

Atemberaubende Stadt der sieben Hügel am Tejo

Blick auf Lissabons Stadtviertel Alfama und das Castelo de São Jorge im Abendlicht

i Information

- Informação Turística de Lisboa, Palácio Foz, Pr. dos Restauradores, 1250-001 Lisboa, Tel. 213 46 33 14
- Ask me Terreiro do Paço, Pr. do Comércio, 1100-148 Lisboa, Tel. 210 31 28 10, www.visitlisboa.com
- Parken: siehe S. 69, 74, 77, 80

Dass sich die Stadt über sieben Hügel erstreckt, hielt der Mönch Nicolau de Oliveira bereits 1620 fest – das Erdbeben von 1597 hatte einen der ursprünglich sechs Hügel zweigeteilt hinterlassen. Von Erdbeben blieb man geplagt. Das schlimmste fand 1755 statt und beendete das Goldene Zeitalter der Entdeckungsreisen. Heute genügen Lissabon die sieben Hügel nicht mehr, die Stadt ist weit in die Umgebung vorgedrungen.

Im Jahr 719 hatten Araber und Mauren die Stadt erobert und blieben bis zur Rückeroberung (»reconquista«) 1147. Als maurisches Siedlungsgebiet ist die Alfama erhalten geblieben. Dort steht mit der Sé auch die bedeutendste Kirche der Stadt. Das Castelo de São Jorge ist maurischen Ursprungs, die Portugiesen nutzten es als Königsburg. Sechs Kilometer außerhalb im Westen liegt Belém, wo die portugiesische Welteroberung ihren Anfang nahm.

Plan S.70/71

Aufzüge und Seilbahnen erleichtern die Übergänge zwischen den Vierteln, durch die Altstadt quietschen und rattern die Elétricos.

ADAC *Wussten Sie schon?*

Um 1197 erblickte Fernando als Spross einer portugiesischen Adelsfamilie in Lissabon das Licht der Welt. Erst als Augustiner, dann als Franziskaner predigte er erst in Marokko, schließlich in Italien und erhielt bald den Namen **Antonius von Padua** – und wurde einer der 36 Kirchenlehrer der römisch-katholischen Kirche.

Alfama und der Nordosten

Verwinkelte Gassen, steile Treppen, verschwiegene Ecken

Das Erdbeben von 1755 konnte dem Viertel östlich von Baixa wenig anhaben, da es die Mauren auf massivem Felsboden errichtet hatten. Nach ihrem Rückzug von der iberischen Halbinsel übernahmen Fischer und Handwerker das Quartier; wer konnte, verließ es und baute sich in Baixa oder in Bairro Alto ein Haus. So hat sich mangels Investitionen der Charme einer vergangenen Zeit bewahrt. Heute unterstützen zwar Stadt und Staat die Restaurierung, doch die Gassen sind immer noch eng, die Plätze winzig, Biegungen unerwartet und Durchgänge niedrig. Und über allem thront die Burg – das Castelo de São Jorge mit fantastischem Blick. Nicht weniger interessant ist die Aussicht vom Miradouro de Santa Luzia. Und unterhalb des Miradouro wartet die Kathedrale Lissabons auf einen Besuch.

Sehenswert

1 Catedral Sé Patriarcal

| Kathedrale |

Die Kathedrale Lissabons, auch Igreja de Santa Maria Maior genannt, ersetzte ab 1147 die Hauptmoschee. Das Portal zitiert den ursprünglich romanischen Stil. Durch Erdbebenschäden waren immer wieder Nachbesserungen nötig geworden, die im 20. Jh. aber weitgehend zurückgebaut wurden. Heute zeigt sich die Basilika mit

Von den Mauern des Castelo de São Jorge hat man einen wunderbaren Blick

romanischen Schiffen und einem gotischen Chor. Der Altarraum ist barock.

■ L. da Sé, Metro: Terréiro do Paço, Mo–Sa 9–19, So bis 20 Uhr, Eintritt frei

2 Castelo de São Jorge

| Burg |

Schon der Aufstieg durch steile Gassen ist faszinierend, und die Terrasse ist wegen der Aussicht immer gut gefüllt.

Die Gemäuer haben die Mauren errichtet. Nach ihrer Vertreibung nahmen ab 1300 die Könige hier ihren Sitz. 1755 zerstörte das Erdbeben die Burg. Anfang des 20. Jh. gab man ihr das heutige Aussehen. Neben archäologischen Grabungen und den Mauern gibt es eine »camera obscura«.

■ R. de Santa Cruz do Castelo, Metro: Terréiro do Paço, Tel. 218 80 06 20, www.castelodesaojorge.pt, tgl. 9–21, Winter bis 18 Uhr, 8,50 €

ADAC *Mobil*

Wer mit den **historischen Trams** der Rundlinie 12E die Alfama durchfahren und Wartezeiten vermeiden will, sollte frühmorgens an der Praça da Figueira zusteigen. Die Große Fahrt quer durch die Stadt (Linie 28E) beginnt man am besten etwas abseits der Touristenströme am Martim Moniz.

3 Museu de Artes Decorativas Portuguesas

| Museum |

Das Museum für dekorative Kunst umfasst Möbel, Textilien, Fayencen, Porzellan, Goldschmiede- und Fliesenkunst sowie Malerei. Die Exponate sind zu Einrichtungen zusammengefasst, die Handelsbeziehungen haben einiges aus fernen Ländern beigesteuert.

■ L. das Portas do Sol 2, Tram: 28E, Tel. 218 88 19 91, www.fress.pt, Mi–Mo 10–17 Uhr, 4 €

4 Museu do Fado

| Museum |

Obwohl Fado erst etwa 200 Jahre alt ist, gibt es wenig, was für die Lissabonner identitätsstiftender wäre. So wie die Musik lebendig ist, entwickelt sich auch das Museum. Es kommen neue Sängerinnen und Sänger hinzu, neue Gitarristen, es entstehen neue Strömungen. Natürlich werden auch zahlreiche Konzerte organisiert.

■ L. Chafariz de Dentro 1, Metro: Santa Apolónia, Tel. 218 82 34 70, www.museudofado.pt, Di–So 10–18 Uhr, 5 €

5 Museu Nacional do Azulejo

| Museum |

1 *Umfangreichste Azulejosammlung Portugals*

Obwohl das Erdbeben den Klarissenkonvent Madre de Deus in weiten Teilen zerstörte, der Renaissance-Kreuzgang hat überdauert. Das Museum bietet die beste Übersicht über die Fliesenkunst Portugals. Chronologisch geordnet, gewinnt man einen Überblick über die Geschichte und die Verbreitung der Fliesen in 500 Jahren. Glanzstück ist das aus 1300 Fliesen bestehende, 36 Meter lange, blau-weiße Paneel mit der Ansicht Lissabons 1730.

■ R. da Madre de Deus 4, Bus: 718, 742, 794, Tel. 218 10 03 40, www.museudoazulejo.gov.pt, Di–So 10–18 Uhr, 5 €

Verkehrsmittel

Elevador do Castelo Zwischen Largo Adelino Amaro da Costa und Rua dos Fanqueiros 176. ■ tgl. 8–21 Uhr, kostenlos, Plan S. 70/71 e4

Parken

Parking Santa Apolónia ■ Cais da Pedra, 1,20 €/Std., max. 8 €/Tag, Plan S. 70/71 östl. f4

Parking Portas do Sol ■ R. São Tomé 88, 2 Std. 3,80 €, 4 Std. 9 €, max. 31,40 €/Tag, Plan S. 70/71 f3

Restaurants

€ | **Mesa Kreol** Lokal mit kreolischen Gerichten und Azoren-Küche. ■ R. Arco das Portas do Mar 9, Tel. 926 05 61 25, Di–So 12–15, 18–24 Uhr, Plan S. 70/71 e4

€€ | **Pateo 13** Fisch und Fleisch vom Holzkohlengrill. ■ Calçadinha de Santo Estêvão 13, Tel. 218 88 23 25, Di–So 11–23 Uhr, Plan S. 70/71 f4

€€€ | **Casa de Linhares** Elegantes Fadorestaurant (ca. 60 €/Person). ■ Beco dos Armazéns do Linho 2, Tel. 218 23 96 60, www.casadelinhares.com, tgl. 20–2 Uhr, Plan S. 70/71 f4

Cafés

Doca Fama Sehr gute Süßigkeiten und herzhafte Snacks. ■ R. de São Miguel 87, Tel. 218 87 24 83, Mo–Sa 7–19.30, So bis 13 Uhr, Plan S. 70/71 f4

Eisdielen

Gelateiro d'Alfama Eisdiele mit Standards und wechselnden Sorten. ■ R. das Escolas Gerais 124, Tel. 968 65 62 26, tgl., Plan S. 70/71 f3

Kneipen, Bars und Clubs

Tasca do Chico Fadolokal mit »petiscos« (Vorspeisen) und Wein. ■ R. dos Remédios, Tel. 965 05 96 70, Fr–So 19–2 Uhr, Plan S. 70/71 f4

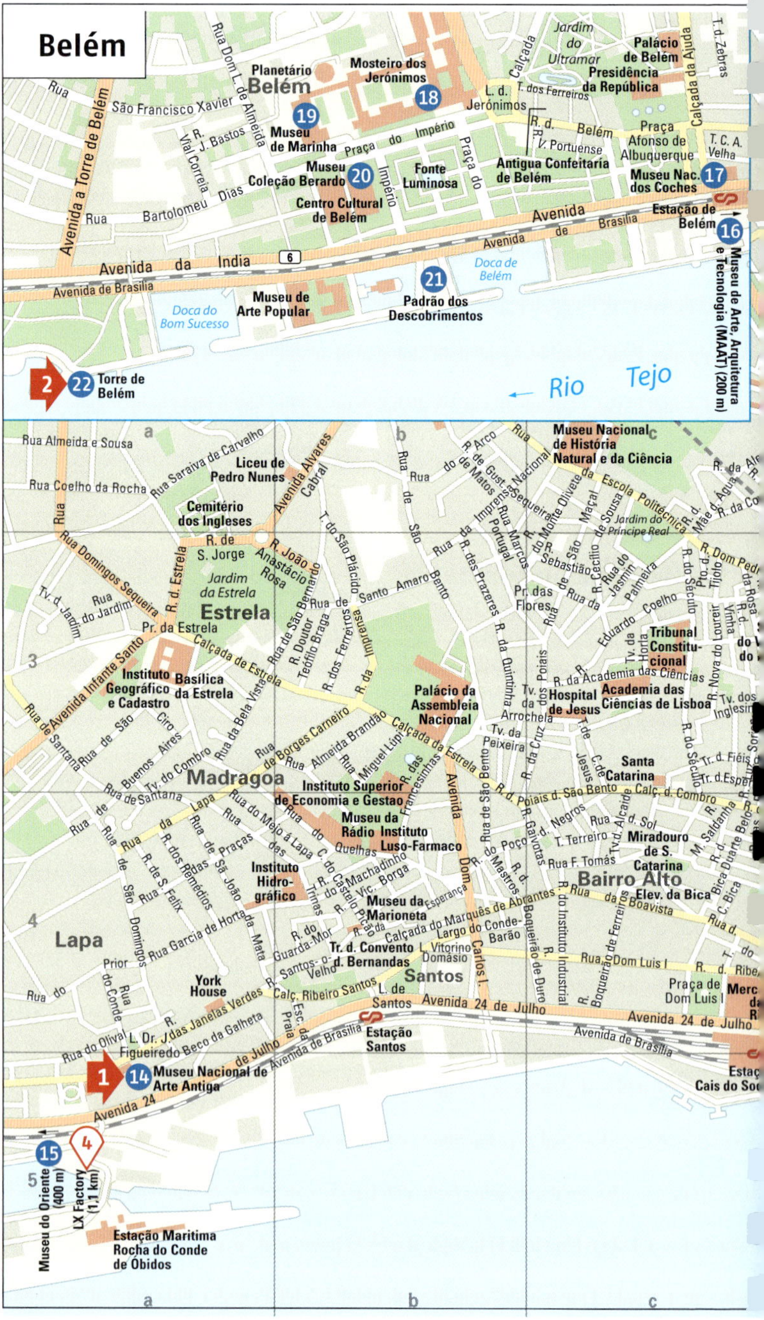
Belém
Planetário
Belém
Mosteiro dos Jerónimos
18
19
Museu de Marinha
Museu Coleção Berardo
20
Centro Cultural de Belém
Fonte Luminosa
Praça do Império
Jardim do Ultramar
Palácio de Belém
Presidência da República
L. d. Jerónimos
T. dos Ferreiros
R. d. Belém
R. V. Portuense
Praça Afonso de Albuquerque
Antigua Confeitaría de Belém
Museu Nac. dos Coches
17
T. C. A. Velha
Calçada da Ajuda
T. d. Zebras
Estação de Belém
16
Museu de Arte, Arquitetura e Tecnologia (MAAT) (200 m)
Rua São Francisco Xavier
Avenida a Torre de Belém
R. J. Bastos
R. Vial Correia
Rua Dom L. de Almeida
Rua Bartolomeu Dias
Avenida da India
Avenida de Brasília
6
Doca de Belém
21
Padrão dos Descobrimentos
Museu de Arte Popular
Doca do Bom Sucesso
2
22
Torre de Belém
Rio Tejo
Rua Almeida e Sousa
Rua Coelho da Rocha
Rua Saraiva de Carvalho
Liceu de Pedro Nunes
Cemitério dos Ingleses
Avenida Alvares Cabral
R. de S. Jorge
Jardim da Estrela
Estrela
R. João Anastácio Rosa
Rua Domingos Sequeira
Rua do Jardim
Tv. d. Jardim
R. d. Estrela
Pr. da Estrela
Calçada de Estrela
Instituto Geográfico e Cadastro
Basílica da Estrela
Avenida Infante Santo
Rua de Santana
Rua da Bela Vista
Rua de São Bernardo
R. Doutor Teófilo Braga
R. dos Ferreiros
R. da Imprensa
T. do São Plácido
Rua de Santo Amaro
Rua de São Bento
Palácio da Assembleia Nacional
Madragoa
Rua de Borges Carneiro
Rua Almeida Brandão
Rua Miguel Lupi
Calçada da Estrela
R. das Francesinhas
Instituto Superior de Economia e Gestao
Museu da Rádio
Instituto Luso-Farmaco
Quelhas
Rua do Meio á Lapa
Instituto Hidrográfico
Museu da Marioneta
Rua Garcia de Horta
Lapa
Rua do Prior
York House
Rua do Conde
Tr. d. Convento
d. Bernardas
Santos
L. Vitorino Domásio
Largo do Conde-Barão
Calçada do Marquês de Abrantes
Avenida Dom Carlos I.
Calç. Ribeiro Santos
L. de Santos
Avenida 24 de Julho
Estação Santos
Rua das Janelas Verdes
Beco da Galheta
Rua do Olival
L. Dr. J. Figueiredo
1
14
Museu Nacional de Arte Antiga
15
Museu do Oriente (400 m)
4
LX Factory (1,1 km)
Estação Maritima Rocha do Conde de Óbidos
Museu Nacional de História Natural e da Ciência
Rua da Escola Politécnica
Jardim do Príncipe Real
R. do Século
Rua Marcos Portugal
Pr. das Flores
R. da Academia das Ciências
Academia das Ciências de Lisboa
Tribunal Constitucional
Hospital de Jesus
Rua Eduardo Coelho
Rua da Palmeira
Santa Catarina
Calç. d. Combro
R. d. Poiais d. São Bento
Miradouro de S. Catarina
Bairro Alto
Rua da Boavista
Elev. da Bica
Rua Dom Luis I
Praça de Dom Luis I
R. do Instituto Industrial
R. Boqueirão de Duro
Rua F. Tomás
T. Terreiro
Avenida 24 de Julho
Avenida de Brasília
Cais do Sodré
a
b
c
3
4
5

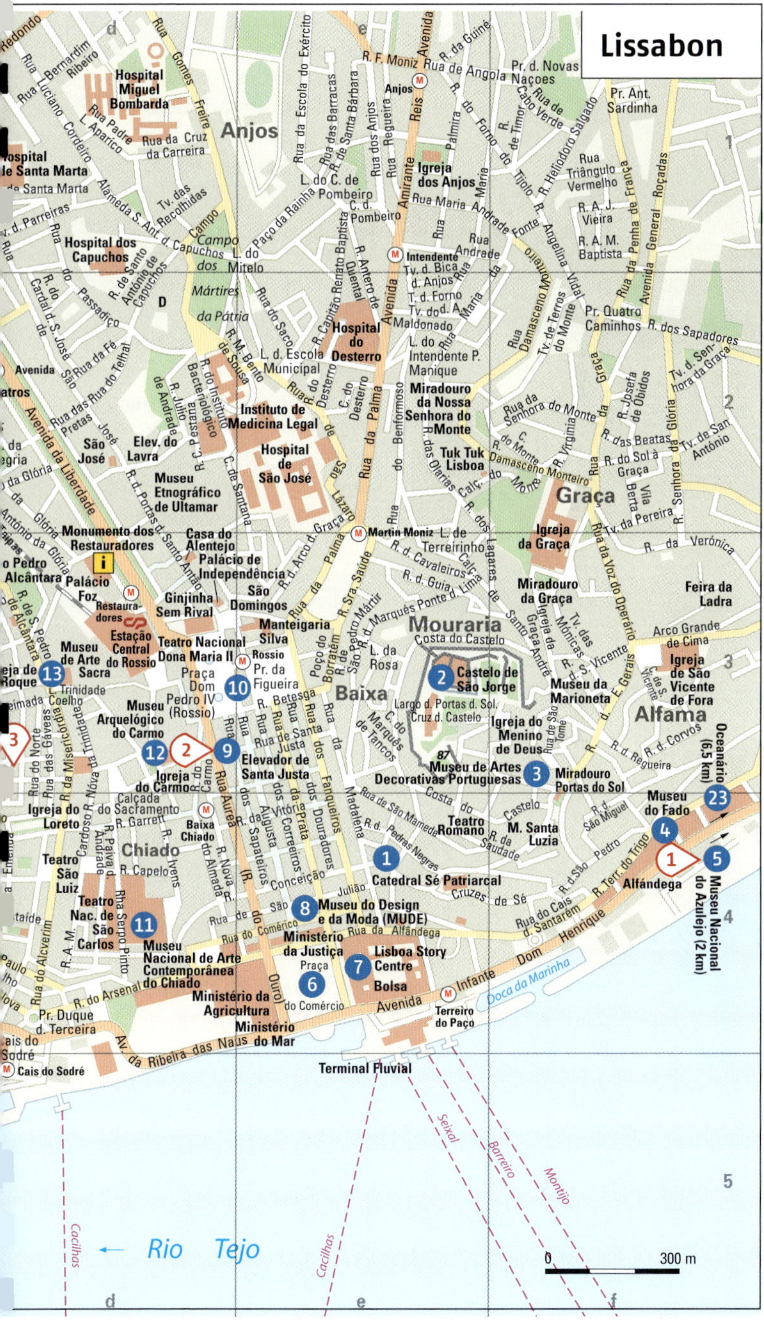

Lissabon
Anjos
Hospital Miguel Bombarda
Hospital dos Capuchos
Campo dos Mártires da Pátria
Instituto de Medicina Legal
Hospital de São José
Hospital do Desterro
Miradouro da Nossa Senhora do Monte
Tuk Tuk Lisboa
Igreja dos Anjos
Graça
Igreja da Graça
Miradouro da Graça
Feira da Ladra
Mouraria
Castelo de São Jorge
Museu da Marioneta
Igreja de São Vicente de Fora
Alfama
Igreja do Menino de Deus
Museu de Artes Decorativas Portuguesas
Miradouro Portas do Sol
Museu do Fado
Oceanário (6,5 km)
Museu Nacional do Azulejo (2 km)
Alfândega
Teatro Romano
M. Santa Luzia
Catedral Sé Patriarcal
Baixa
Rossio
Praça Dom Pedro IV (Rossio)
Teatro Nacional Dona Maria II
Estação Central do Rossio
Palácio Foz
Monumento dos Restauradores
Casa do Alentejo
Palácio de Independência
Ginjinha Sem Rival
São Domingos
Manteigaria Silva
Museu Etnográfico de Ultamar
Elev. do Lavra
Museu de Arte Sacra
Igreja de São Roque
Museu Arqueológico do Carmo
Igreja do Carmo
Elevador de Santa Justa
Igreja do Loreto
Chiado
Teatro São Luiz
Teatro Nac. de São Carlos
Museu Nacional de Arte Contemporânea do Chiado
Museu do Design e da Moda (MUDE)
Ministério da Justiça
Lisboa Story Centre
Bolsa
Praça do Comércio
Ministério da Agricultura
Ministério do Mar
Terreiro do Paço
Doca da Marinha
Terminal Fluvial
Cais do Sodré
Avenida da Liberdade
Avenida Infante Dom Henrique
Av. da Ribeira das Naus
Rio Tejo
Cacilhas
Seixal
Barreiro
Montijo
0
300 m
1
2
3
4
5
d
e
f

Der Elevador de Santa Justa verbindet die Stadtteile Baixa und Chiado

Einkaufen

Feira da Ladra Auf dem Flohmarkt gibt's Neues, Altes, Sinnloses, Nützliches und Souvenirs! ■ Campo de Santa Clara, Di, Sa ab ca. 9 Uhr, Plan S. 70/71 f3

O Rei do Bacalhau Eine der Adressen für Stockfisch; außerdem geistige Getränke, Fischkonserven, Käse, Schinken. ■ R. do Arsenal 56/58, Tel. 213 47 27 49, tgl. 12–23 Uhr, Plan S. 70/71 d5

Baixa

Weitläufige Plätze, lange Einkaufsstraßen und ein herrliches Panorama

Zwischen den Hügeln der Alfama und Bairro Altos zieht sich Baixa einem Schachbrett gleich vom Tejo nach Norden. Das Erdbeben von 1755 ließ nicht viel übrig. Mit langen Straßen und großzügigen Plätzen, Wohnhäusern, Läden und Werkstätten entstand ein neues, luftiges Viertel, das heute mit Cafés, Modeläden und Restaurants Besucher in seinen Bann zieht.

Sehenswert

6 Praça do Comércio

| Platz |

Auch heute noch nennen Einheimische den Platz »Terreiro do Paço« – Palastgelände, schließlich stand hier bis 1755 das königliche Uferschloss. Exakt in die Mitte reitet König João I. überlebensgroß in Bronze in Richtung Tejo. Hinter ihm akzentuiert der Arco do Triunfo den Zugang zur Rua Augusta. Der »Handelsplatz« war über Jahrhunderte das Entrée Lissabons.

7 Lisboa Story Centre

| Museum |

Ein Abriss der Stadtgeschichte multimedial aufbereitet, von den Anfängen bis in die heutige Zeit, inklusive dem Erdbeben von 1755 – und dem Wiederaufbau unter Marquês de Pombal.

■ Terreiro do Paço 78–81, Tel. 211 94 10 27, www.lisboastorycentre.pt, tgl. 10–20 Uhr, 7 €, Familien (4 Pers.) 18 €

8 Museu do Design e da Moda (MUDE)

| Museum |

Design- und Modemuseen mit Werken u.a. von Charles & Ray Eames, Le Corbusier, Tom Dixon, Philippe Starck, Yves Saint Laurent, Jean Paul Gaultier, Christian Dior, Chanel, Vivienne Westwood, Versace und Tommy Hilfiger.

■ R. Augusta 24, Metro: Baixa-Chiado, Tel. 218 17 18 92, www.mude.pt, Di–So 10–18 Uhr, Eintritt frei

9 Elevador de Santa Justa

| Historischer Aufzug |

2 *Praktisch und wunderschön gleichermaßen*

Der auch Elevador do Carmo genannte Aufzug gilt vielen als der schönste der Welt. Raoul Mesnier de Ponsard konstruierte die 45 Meter hohe Eisenanlage, die die Stadtteile Baixa und Chiado miteinander verbindet, 1902. Ausstatten ließ er sie im Stil der Belle Époque. 32 Meter hinaufgefahren, gelangt man zum Largo do Carmo. Oberhalb des Lifts ist ein Café, darüber befindet sich eine Aussichtsplattform.

■ R. de Santa Justa, Metro: Baixa-Chiado, www.carris.pt, Rundfahrt 5,15 € (inkl. Eintritt zur Plattform), Plattform allein 1,50 €

10 Rossio und Praça da Figueira

| Plätze |

Rossio (offiziell Praça Dom Pedro IV) und Praça da Figueira bilden den nördlichen Abschluss von Baixa. Dass das Viertel als Ganzes geplant war, erkennt man an den Maßen. Rossio misst 100 mal 200 Meter, Praça da Figueira ist ein Quadrat mit 100 Meter Seitenlänge. Rossios heutige Bebauung mit Wohngebäuden, neoklassizistischem Theater und der neomanuelinischen Bahnhofsfassade stammt wie die schwarzweiße Pflasterung in Wellenform, die Brunnen und das Denkmal König Pedros IV. aus dem 19. Jh. Aus der Zeit des Wiederaufbaus steht noch der barocke Torbogen Arco do Bandeira. Die weniger spektakuläre Praça da Figueira ist vom Rossio nur durch eine Häuserzeile getrennt. An den Bordsteinen warten Rikschas auf Kundschaft.

Gefällt Ihnen das?

Die Portugiesen begeistern sich seit mehr als 100 Jahren für Aufstiegshilfen. Die Hügel sind steil, und so sind überall **Aufzüge und Standseilbahnen** zu finden, z. B. in Nazaré (S. 97), Viseu (S. 107), Braga (S. 126) und Viana do Castelo (S. 122). Hinzu kommen die Seilbahnen in Lissabon (S. 81) und Porto (S. 114).

Der Rossio in Baixa mit Bronzespringbrunnen und dem Denkmal für Pedro IV.

Verkehrsmittel

Yellow Boat Estação fluvial Terreiro do Paço Rundtour auf dem Tejo mit Halt in Belém. ■ Anleger an der Südwestecke der Pr. do Comércio, Juni–Sept. 10–18 Uhr stündl., 18 € für 24 Std. (Elétricos, Aufzüge, Flughafenbus), Plan S. 70/71 e4

Parken

Parking Baixa-Chiado ■ Largo da Boa Hora 1, 2,40 €/Std., Plan S. 70/71 d4

Parking Chão do Loureiro ■ Largo da Atafona, 2 Std. 2,95 €, 4 Std. 6,80 €, max. 20 €/Tag, Plan S. 70/71 e3

Restaurants

€ | **Dois Arcos** Familienrestaurant mit traditionellen Fisch- und Fleischgerichten. ■ R. dos Douradores 163, Tel. 218 87 96 89, Mo–Sa 8–22 Uhr, Plan S. 70/71 e3

€ | **Floresta das Escadinhas** Lokal mit Hausmannskost, bekannt für Grillgerichte. ■ R. de Santa Justa 3, Tel. 218 87 20 52, Mo–Sa 12–16 Uhr, Plan S. 70/71 e3

€ | **Tasca Pombalina** Bevorzugt sollte man hier die »petiscos« (Vorspeisen) probieren. ■ Rossio 76/77, Tel. 927 96 59 10, tgl. 7–3 Uhr, Plan S. 70/71 d3

Cafés

Fábrica da Nata Einer der bekanntesten Hersteller des Törtchentraums. ■ R. Augusta 275, Tel. 912 55 11 71, www.fabricadanata.com, tgl. 8–23 Uhr, Plan S. 70/71 e3

Kneipen, Bars und Clubs

A Ginjinha Hier gibt's seit 1840 »ginjinha« (oder »ginja«), den Likör aus Sauerkirschen. ■ L. São Domingos 8, Tel. 218 14 53 74, tgl. 9–20 Uhr, Plan S. 70/71 e3

Einkaufen

Conserveira de Lisboa Sardinen in der Büchse von allen erdenklichen Herstellern. ■ R. dos Bacalhoeiros 34, Tel. 218 86 40 09, www.conserveiradelisboa.pt, Mo–Sa 9–19 Uhr, Plan S. 70/71 e4

Discoteca Amália Wer Fado-CDs sucht, erhält hier kompetente Beratung. ■ R. Áurea 272, Tel. 213 42 09 39, Plan S. 70/71 d3

Mercado da Figueira Lebensmittelmarkt mit dem Besten aus Land und Meer. ■ Pr. da Figueira 10, www.varn.pt, Mo–Sa 8.30–20 Uhr, Plan S. 70/71 e3

Kinder

Lisboa Story Centre Lissabons Geschichte als Gesamterlebnis mit Riechen, Hören und Sehen: Für Kinder eine intensive und kurzweilige Erfahrung. ■ Infos siehe S. 72

Chiado, Bairro Alto und der Westen

Tagsüber Shopping, abends das Ausgehviertel

Von Baixa fährt der Elevador de Santa Justa ins Bairro Alto, alternativ geht es zu Fuß durch das Chiado-Viertel am Belle-Époque-Café A Brasileira vorbei. In den rechtwinkligen Gassen des Bairro Alto reiht sich Lokal an Lokal. Auf Plätzen wie der Praça do Carmo oder in der Parkanlage des Miradouro São Pedro de Alcântara treffen sich die Bewohner des Viertels. Am Tejo-Ufer sind die Bars und Restaurants der Docas perfekter Ort für einen Sundowner. Und unterhalb der Hochbrücke Ponte 25 de April trifft sich die Alternativszene in der LX Factory, einem ehemaligen Industriegelände.

Sehenswert

11 Museu Nacional de Arte Contemporânea do Chiado

| Museum |

Das Museum für zeitgenössische Kunst (MNAC) mit Gemälden portugiesischer Maler neuerer Zeit (ab 1850) residiert in einem ehemaligen Franziskanerkloster. Beachtenswert: die Romantik-Sammlung sowie die Abteilung mit Werken der Vertreter des Symbolismus.

■ R. Serpa Pinto 4, Metro: Baixa-Chiado, Tel. 213 43 21 48, www.museuartecontemporanea.gov.pt, Di–So 10–18 Uhr, 4,50 €

12 Museu Arqueológico do Carmo

| Museum |

Die Igreja do Carmo dokumentiert als einzig nennenswerte Ruine das Erdbeben von 1755. Die gotischen Mauern und Gewölbebogen sind Schauplatz sommerlicher Konzerte, der intakt gebliebene Chor beherbergt eine archäologische Ausstellung.

■ L. do Carmo, Metro: Baixa-Chiado, Tel. 213 46 04 73, www.museuarqueologicodocarmo.pt, Mo–Sa 10–19, Winter bis 18 Uhr, 4 €

13 Igreja de São Roque

| Kirche |

Auch wenn das im 18. Jh. entstandene Kirchenportal wenig verspricht, überwältigt die Renaissance-Ausstattung der Kirche aus der zweiten Hälfte des 16. Jh. mit acht Seitenkapellen und einer Trompe-l'Œil-Decke. Besonderes Augenmerk verdienen die mit Fliesen versehene Rochus-Kapelle und die reich verzierte barocke Johannes-Kapelle, auf drei Schiffen 1749 von Italien nach Lissabon gebracht.

Eine Oase der Ruhe mitten in der Stadt: die Überreste der Igreja do Carmo

■ L. Trindade Coelho, Metro: Baixa-Chiado, www.museu-saoroque.com, Mo 14–19, Di–So 10–19, Winter bis 18 Uhr

14 Museu Nacional de Arte Antiga

| Museum |

1 *Portugiesische Kunst aus der Goldenen Zeit*

Das Nationalmuseum für alte Kunst besitzt die wertvollste Sammlung an Gemälden und Skulpturen portugiesischer Meister – und Werke von Künstlern wie Hieronymus Bosch, Dürer oder Hans Holbein d. Ä. Weitere Abteilungen: Möbel, Textilarbeiten, Keramik, Glas, Silber- und Goldschmiedearbeiten. Japanische Paravents (16. Jh.) oder eine Elfenbeinmadonna mit chinesischen Gesichtszügen (17. Jh.) zeigen,

Plan S. 70/71

Ausstellungsraum mit bedeutenden Kunstwerken im Museu Nacional de Arte Antiga

wie asiatische Techniken mit portugiesischen Szenen verbunden wurden.

■ R. das Janelas Verdes, Tram: 15E, 18E, 25E, Tel. 213 91 28 00, www.museudearteantiga.pt, Di–So 10–18 Uhr, 6 €

15 Museu do Oriente

| Museum |

In den abgedunkelten Räumen eines ehemaligen Industriegebäudes steht und hängt, was die Kolonialherren über Jahrhunderte hinweg gesammelt haben, darunter wunderbare Kostüme aus China, japanische Faltschirme, Skulpturen aus Osttimor und Schattenpuppen aus Indien. Im Mittelpunkt stehen die historischen Beziehungen zwischen dem Fernen Osten und Portugal.

■ Av. Brasília 352, Tram: 15E, 18E, Tel. 213 58 52 00, www.museudooriente.pt, Di–So 10–18 Uhr, 6 €

ADAC *Spartipp*

Will man die öffentlichen Verkehrsmittel intensiv nutzen, ist die **Lisboa Card** (24/48/72 Std., 19/32/40 €, www.lisboacard.org) eine gute Wahl, mit der man Geld sparen kann. Enthalten sind auch Aufzüge, Standseilbahnen, Eléctricos, Busse, Metro, Zugfahrten nach Sintra und Cascais sowie der Eintritt zu vielen Museen.

Verkehrsmittel

Elevador da Glória Zwischen Rua São Pedro de Alcântara und Praça Restauradores im Norden von Bairro Alto. ■ Mo–Do 7.15–23.55, Fr bis 0.25, Sa 8.45–0.25, So 9.15–23.55 Uhr, Rundfahrt 3,70 €, Plan S. 70/71 d2

Elevador da Bica Zwischen Largo Calhariz und Rua de São Paolo im Süden von Bairro Alto. ■ Mo–Sa 7–21, So 9–21 Uhr, Rundfahrt 3,70 €, Plan S. 70/71 c4

Parken

Parking Calçada do Combro ■ Calçada do Combro 93, 2,90 €/2 Std., 13,05 €/Tag, Plan S. 70/71 c3

Restaurants

€ | **Filho da Mãe** Burger, Salate, Kuchen und sehr gutes Frühstück. ■ R. da Boavista 8, Tel. 939 05 70 15, www.casa-lisboa.com, tgl. 8–23 Uhr, Plan S. 70/71 c4

€€ | **Time Out Market** Perfekt sanierte Markthalle mit zahlreichen Imbissständen. ■ Av. 24 de Julho 49, Tel. 213 95 12 74, www.timeoutmarket.com, So–Mi 10–24, Do–Sa 10–2 Uhr, Plan S. 70/71 c4

3 €€€ | **O Faia** Restaurant mit klassischem Fado, wobei nicht die Gerichte, sondern die Stars der Szene (darunter Anita Guerreiro, die Grande Dame des Fado) wichtig sind – Mindestverzehr von 60 €. ■ R. da Barroca 54–56, Tel. 213 42 67 42, www.ofaia.com, Mo–Sa 20–2 Uhr, Plan S. 70/71 d3

Cafés

A Brasileira Aus der Belle Époque (1905) hat sich das Kaffeehaus in die heutige Zeit gerettet. Ehemals ein Treffpunkt der Intellektuellen Lissabons. ■ R. Garrett 120, Tel. 213 46 95 41, tgl. 8–2 Uhr, Plan S. 70/71 d3

Manteigaria Hier gibt es mit die besten »natas«. ■ R. do Loreto 2, Tel. 213 47 14 92, tgl. 8–24 Uhr, Plan S. 70/71 d3

Eisdielen

Gelato Davvero Ausgezeichnetes Eis, auch exotischere Geschmacksrichtungen wie Avocado oder Ingwer. ■ Pr. São Paulo 1, Tel. 929 16 52 08, Di–Sa 12–24, So 12–20 Uhr, Plan S. 70/71 d4

Im Blickpunkt

Keramikkunst – Azulejos

Kirchen und Bahnhöfe, Bürgerhäuser und Paläste – die meist blauweißen Fliesen schmücken Bauwerke innen und außen, in der Stadt und auf dem Land. Mit ihrer unverwüstlichen Glasur sind sie zudem praktisch: abgewischt und sauber. »Al zuléija« – arabisch für »polierter Kiesel« – macht die Herkunft der Azulejos klar. Alte Fliesen zeigen deshalb ornamentale Muster, da der Islam menschliche Abbildungen verbietet. Von den Spaniern übernahmen die Portugiesen die Technik im 15. Jh. und begannen ganze Schlachtengemälde und Bilderzyklen zu brennen. Eines der beeindruckendsten Azulejogemälde ist das aus 1300 Fliesen zusammengestellte 36 Meter lange Stadtpanorama Lissabons von 1730 (S. 69).

Plan S. 70/71

Hier trifft sich die alternative Szene der portugiesischen Hauptstadt: LX Factory

Kneipen, Bars und Clubs

Rio Maravilha Rooftop-Bar mit fantastischem Blick und guten Drinks. ■ R. Rodrigues de Faria 103, Tel. 966 02 82 29, Di 18–2, Mi–Sa 12.30–3, So 12.30–20 Uhr, Plan S. 70/71 westl. a4

Konzerte

Fado in Chiado Einstündiges Konzert mit den Besten der klassischen Szene. ■ R. da Misericórdia 14, Tel. 213 43 01 84, www.fadoinchiado.com, Mo–Sa 19 Uhr, 17 €, Plan S. 70/71 d3

Einkaufen

Loja das Conservas Konservenladen mit über 300 Sorten Fischdosen. ■ R. do Arsenal 130, Tel. 911 18 12 10, tgl. 10–20, So ab 12 Uhr, Plan S. 70/71 d4

4 **LX Factory** Mit »alternativer Flohmarkt« nur unzureichend beschriebenes Industriegelände mit zahlreichen Shops, Ständen, Restaurants und Bars – der coolste Platz Lissabons. ■ R. Rodr. de Faria 103, Tel. 213 14 33 99, www.lxfactory.com, Plan S. 70/71 westl. a5

Belém

Früher landeten hier Seefahrer mit Reichtümern, heute Touristen

Der Restelo-Strand fünf Kilometer westlich vom Bairro Alto war im 13. Jh. Ausgangspunkt der portugiesischen Seefahrt. Im 14. Jh. gewannen Dorf und Hafen an Bedeutung, 1459 gründete der Christusorden die Einsiedelei Mutter Gottes von Bethlehem – Belém. Vasco da Gama soll 1497 in ihr gebetet haben, bevor er Richtung Indien segelte. Anfang des 16. Jh. begann man mit dem Bau des Klosters. Von der goldenen Zeit künden auch Torre de Belém, Padrão dos Descobrimentos und die Exponate des Marinemuseums.

Sehenswert

16 Museu de Arte, Arquitetura e Tecnologia (MAAT)

| Museum |

2017 eröffnetes Kulturzentrum und Museum, das mit zahlreichen Sonderschauen zwischen zeitgenössischer Kunst, Architektur und Technologie vermittelt – im Backsteinbau des ehemaligen Elektrizitätshauptwerks (Central) und in einem von der Britin Amanda Levete entworfenen Neubau (MAAT) in der Form einer Meereswelle. ■ Av. Brasília, Tram: 15E, Tel. 210 02 81 30, www.maat.pt, Mi–Mo 12–20 Uhr, Central/MAAT je 5 €, zusammen 9 €

17 Museu Nacional dos Coches
| Museum |

In der ehemaligen königlichen Reithalle und im modernen Annex gegenüber stehen Kutschen für zeremonielle Anlässe und den täglichen Gebrauch der königlichen Familie und des hohen Adels, außerdem Sänften, Kinderkutschen und Zaumzeug.

■ Pr. Afonso de Albuquerque/Av. da Índia 136, Tram: 15E, Tel. 210 73 23 19, www.museudoscoches.gov.pt, Di–So 10–18 Uhr, Reithalle 4 €, Neubau 8 €, zusammen 10 €

18 Mosteiro dos Jerónimos
| Kloster |

Das 1601 fertiggestellte UNESCO-Welterbe gilt als herausragendes Beispiel manuelinischen Stils. Fast 300 Meter ist das ursprünglich direkt am Wasser stehende Hieronymitenkloster lang. Der westliche Flügel entstand als Neubau im 19. Jh. in historisierendem Stil (für das archäologische und das maritime Museum). Prunkstück ist der »schönste Kreuzgang der Welt« im Renaissance-Stil mit manuelinischem Steinschmuck. In der dreischiffigen Kirche steht links hinten der Sarkophag Vasco da Gamas. Der Komplex bewahrt außerdem Grabmäler von 21 Mitgliedern der Königsfamilie.

■ Pr. do Império, Tram: 15E, Tel. 213 62 00 34, www.mosteirojeronimos.gov.pt, tgl. 10–18.30, Winter bis 17.30 Uhr, 10 € (mit Torre de Belém 12 €)

19 Museu de Marinha
| Museum |

Seefahrtsausstellung im Westflügel des Hieronymitenklosters und einem modernen Anbau mit Navigationsgeräten, Karten, Globen, Uniformen, Schiffsmodellen, Wasserflugzeugen und der königlichen Barke von 1778.

■ Pr. do Império, Tram: 15E, Tel. 210 97 73 88, http://ccm.marinha.pt, tgl. 10–18, Winter bis 17 Uhr, 6,50 €

20 Museu Coleção Berardo
| Museum |

Privatsammlung des Kunstsammlers José Berardo (*1944) mit bildender Kunst des 20. und 21. Jh., ausgestellt im Kulturzentrum Belém. Unter vielen anderen sind Werke von Chagall, Magritte, Duchamp, Picasso, Jeff Koons, Warhol, Josef Albers, Max Ernst und Gerhard Richter zu sehen.

■ Pr. do Império, Tram: 15E, Tel. 213 61 28 78, www.museuberardo.pt, tgl. 10–19 Uhr, 5 €

21 Padrão dos Descobrimentos
| Monument |

In Höhe des Hieronymitenklosters steht direkt am Wasser das 1950 zum 500. Todestag von Heinrich dem Seefahrer eingeweihte Denkmal der Entdeckungen. 33 Persönlichkeiten der

Das Mosteiro dos Jerónimos beeindruckt mit prachtvoller Manuelinik

Eines der Wahrzeichen Lissabons: der Torre de Bélem an der Tejo-Mündung

Seefahrtsgeschichte des Landes tummeln sich auf einem schiffsbugartigen Absatz. Heinrich der Seefahrer an der Spitze trägt eine Karavelle.

■ Av. Brasília, Tel. 213 03 19 50, Tram: 15E, www.padraodosdescobrimentos.pt, tgl. 10–19, Winter bis 18 Uhr, 5 €, Familie (max. 4 Pers.) 12,50 €

22 Torre de Belém

| Historisches Gebäude |

2 *Wahrzeichen Lissabons und Symbol der Schifffahrt*

König Manuel I. beauftragte eine Bastion, die Schiffen das Vordringen nach Lissabon unmöglich machen sollte. 1520/21 war der auf einen Felsen im Tejo gebaute manuelinisch dekorierte Belém-Turm fertig. Ein Besuch des UNESCO-Welterbes in der Hauptsaison kann sich als zeitraubend herausstellen, da der Zugang zur Plattform nur gruppenweise erlaubt ist.

■ Av. Brasília, Tram: 15E, tgl. 10–18.30, Winter bis 17.30 Uhr, 6 € (mit Hieronymitenkloster 12 €)

Verkehrsmittel

Tram Der Elétrico 15E verbindet Belém mit der Praça do Comércio. ■ Einzelfahrt 2,90 €

Parken

Parking Belém ■ R. de Belém 124 (beim Kloster), 2 €/2 Std., ab 3. Std. 1,80 €/Std., Tag max. 30,80 €

Restaurants

€ | **O Prado** Portugiesische Hausmannskost, hier ist immer viel los. ■ R. da Junqueira 474, Tel. 213 64 24 12, http://oprado.pt, Mo–Sa 9–24 Uhr

€€ | **A Margem** Elegantes Restaurant mit Bar an der Uferpromenade. ■ Doca do Bom Sucesso, Tel. 918 62 00 32, www.amargem.com, Mo–Sa 10–1, So 10–22 Uhr

Cafés

Pastéis de Belém Traditionsadresse für die weltberühmten »nata«-Törtchen. ■ R. Belém 84–92, Tel. 213 63 74 23, tgl. 8–24 Uhr

Parque das Nações

Für die EXPO direkt vom Reißbrett entstanden, heute ein neues Viertel

Zur Weltausstellung im Sommerhalbjahr 1998 entstand auf 40 Hektar des Hafengeländes Doca dos Olivais ein neues Stadtviertel unter dem Motto »Ozeane – Erbe für die Zukunft«. Stararchitekten wie Santiago Calatrava und Álvaro Siza Vieira planten Gebäude, deren Nachnutzung klar definiert war. Parallel zum Bau des Nationenparks beauftragte die Stadt die Errichtung der Vasco-da-Gama-Brücke und einer U-Bahn-Linie. Der Vasco-da-Gama-Turm ist mit 145 Metern das höchste Bauwerk Portugals. Das Aquarium besitzt das größte Innenbecken Europas. Bei einer Fahrt mit der Seilbahn parallel zum Tejo-Ufer erhält man einen guten Überblick.

■ www.portaldasnacoes.pt

Sehenswert

23 Oceanário
| Aquarium |

Einer Ölplattform gleich steht der Aquariumbau mitten im Wasser. Stahlseile spannen Metallmarkisen, nach außen verlegte Treppen geben dem größten Fischtank Europas Platz. Das Herz der Anlage fasst 5000 m³, an jeder der vier Seiten blickt man durch fast 50 m² große Scheiben auf die Unterwasserwelt. In steter Bewegung ziehen Haie, Rochen, Mantas, Thunfische und viele andere Meeresbewohner ihre Kreise. Vier weitere Bassins widmen sich jeweils einem speziellen Habitat: nordatlantische Felsküste, antarktische Uferbereiche, pazifischer Tangwald und tropisches Korallenriff.

■ Esplanada Dom Carlos I, Metro: Oriente, Tel. 218 91 70 00, www.oceanario.pt, tgl. 10–20, Winter bis 18 Uhr, Eintritt 18 €

Verkehrsmittel

Metrolinie Vermelha (rot) von der Innenstadt Richtung Oriente, Haltestelle Estação de Lisboa-Oriente. ■ Telecabine de Lisboa, Tel. 218 95 61 43, www.telecabinelisboa.pt, tgl. 10.30– 20, Winter 11–18 Uhr, Einzelfahrt 3,95 €, Rundfahrt 5,90 €

Restaurants

€€ | **D'Avis** Rustikale Fisch- und Fleischküche aus dem Alentejo auf gehobenem Niveau. ■ Av. Dom João II 1, Tel. 218 68 13 54, Mo–Sa 12–15, 19–22 Uhr

Von der Seilbahn blickt man auf das »neue« Stadtviertel Parque das Nações

2 Costa do Estoril

Die Riviera von Lissabon: Hier wird gebadet und flaniert

Information

■ Posto de Turismo, Pr. 5 de Outubro, 2750-310 Cascais, Tel. 912 03 42 14, https://visitcascais.com

Die Villenorte westlich von Lissabon waren Fischerdörfer, bevor sie die Hautevolee als neuen Lebensmittelpunkt entdeckte. Die Strandabschnitte sind fast durchweg bewirtschaftet. Wirkt das Seebad Estoril etwas zersiedelt, besitzt Cascais rund um die Fortaleza da Nossa Senhora da Luz einen hübschen Ortskern mit Villen und Museen. Die Praia do Guincho (10 km gen Norden) lockt mit riesigem Sandstrand, Dünen und hohen Wellen. Die Strände um Cascais sind bekannt für ihre ausgezeichnete Wasserqualität.

Sehenswert

Boca do Inferno

| Aussichtspunkt |

Der Höllenschlund einen Kilometer westlich von Cascais ist eine 20 Meter hohe Felsformation, an der die Atlantikwellen mit Urgewalt zerschellen. Vom in den Fels gemauerten Aussichtsbalkon blickt man aus nächster Nähe auf das Schauspiel.

■ Av. Rei Humberto II de Itália, Cascais

Cabo da Roca

| Naturschauspiel |

Am Felskap (20 km nördlich von Cascais) markiert eine Säule den westlichsten Punkt Festlandeuropas.

■ Estr. do Cabo da Roca

ADAC *Mittendrin*

Die **Promenade** entlang der Costa do Estoril ist am Wochenende ein beliebtes Ausflugsziel von Pärchen und Familien, die aus Lissabon herausfahren, am Meer entlangspazieren, die Cafés und Bars bevölkern oder am Ufer des Tejo sitzen.

Verkehrsmittel

Bahn Estoril und Cascais sind Haltestellen des halbstündlich verkehrenden Vorortzugs ab dem Lissabonner Bahnhof Cais do Sodre. ■ Einzelfahrt 2,25 €, www.cp.pt

Rad Ein gut ausgebauter Radweg verbindet Cascais mit der Praia do Guincho. ■ Portugal Rent Bike, R. da Palmeira 39A, Cascais, Tel. 934 43 23 04, http://portugalrentbike.com, tgl. 9.30–18 Uhr.

Restaurants

€ | Taberna Economica de Cascais Fischgerichte in kleinem Lokal. ■ R. Sebastiao Jose de Carvalho e Melo 35, Tel. 214 83 22 14, tgl. 12–23 Uhr

3 Sintra

Burgen, Klöster und Paläste in himmlischen Sphären

Information

■ Posto de Turismo, Pr. da República 23, 2710-616 Sintra, Tel. 219 23 11 57, www.cm-sintra.pt

Die Kulturlandschaft mit Villen, Klöstern und Parks in den Hügeln der Serra da Sintra ist seit 1982 UNESCO- Welterbe. Die beiden Paläste Paço Real und Palácio da Pena gehören wie die Ruinen des Maurenkastells hoch über der Stadt zum Pflichtprogramm. Wer dann noch Zeit findet, kann auch die anderen Sehenswürdigkeiten aufsuchen, etwa den Kapuzinerkonvent, den Palast von Monserrate oder das Alpenchalet von Gräfin Edla. Der Strand Praia das Maçãs ist mit Sintra mit einer Elétrico verbunden. Die Praia Grande do Guincho verdient ihren Namen, selbst im Hochsommer findet man hier noch bequem einen Platz.

Sehenswert

Paço Real

| Schloss |

Die beiden Schornsteine des Schlosses sind so etwas wie das Wahrzeichen Sintras. Da fast alle Innenräume mit Azulejos geschmückt sind, gilt der verschachtelte Komplex trotz zahlreicher Umbauten im 19. Jh. als glänzendes Beispiel höfischen Lebens des Goldenen Zeitalters. Prunkraum ist der Hirschsaal mit seinen blau-weißen Fliesenwänden und der achteckigen Holzkuppel mit Wappen.

■ L. Rainha Dona Amélia, Tel. 219 23 73 00, www.parquesdesintra.pt, 9.30–19, Winter bis 18 Uhr, 10 €

Palácio Nacional da Pena

| Schloss |

Auf einem Felssporn hat sich die Königsfamilie 1840–50 vom deutschen Geologen Wilhelm von Eschwege ein Refugium mitten in einem Park errichten lassen. Expliziter Auftrag an ihn: das bereits existierende Kloster einbeziehen und unterschiedlichste Baustile zitieren. Es ist ihm gelungen. Wie eine schrillbunte Ritterburg sticht das

Der Palácio Nacional da Pena gehört zu den Highlights eines Sintra-Besuchs

Gebäude in den Himmel. Eine Wohltat ist der 200 Hektar große Park.

■ Estr. da Pena, Tel. 219 23 73 00, www.parquesdesintra.pt, Palast tgl. 9.45–19, 10–18 Uhr, Park tgl. 9.30–20, Winter 9.45–19 Uhr, Park und Palast 14 €, Park 7,50 €, Shuttlebus-Rundtour 3 €

Castelo dos Mouros

| Burg |

Die eindrucksvolle maurische Burg aus dem 8. und 9. Jh. besteht nur noch aus Umfassungsmauern und einigen Türmen. Auf dem der Hügellinie folgenden Wall kann man auf Treppenwegen in 400 Meter Höhe entlangspazieren.

■ Caminho de Santa Maria, Tel. 219 23 73 00, www.parquesdesintra.pt, tgl. 9.30–20, Winter 10–18 Uhr, 8 €

ADAC *Wussten Sie schon?*

Königin Maria I. (1734–1816) war 1777 die erste Frau auf dem portugiesischen Thron. Die Katholikin machte die anitklerikalen Reformen rückgängig, verfiel später jedoch dem Wahnsinn und wurde 1792 entmündigt. Als sich 1807 napoleonische Truppen näherten, musste die Königsfamilie nach Brasilien flüchten. Auf dem Weg zum Hafen soll Maria gesagt haben: »Nicht so schnell, sonst glauben die Leute noch, wir fliehen!«

Verkehrsmittel

Zug Vom Bahnhof Rossio nach Sintra (Einzelfahrt 2,25 €), dort mit dem Touristenbus Nr. 434 zum Palácio da Pena (Rundfahrt 5,50 €). ■ www.cp.pt

Elétrico de Sintra Pendelverkehr zwischen Sintra und der Praia das Maçãs mit historischen Trambahnen. ■ www.cm-sintra.pt, Mitte Juni–Ende Sept. tgl. 9.20–19.45 Uhr, ca. 45 Min., Einzelfahrt 3 €

Parken

Palácio da Pena Beschränkte Zahl an Parkplätzen, die in der Saison nicht ausreichen, in Sintra Parkplatz P2, Pr. Dom Afonso Henriques, 20 Gehminuten westlich des Zentrums (kostenfrei).

Restaurants

€ | **A Pendôa** Zwei gestandene Hausfrauen kochen in der anheimelnden Atmosphäre eines kleinen Souvenirladens große Portionen. ■ R. da Pendôa 14, Tel. 219 24 46 14, http://casadapendoa.com, nur mittags

Cafés

5 **Casa Piriquita** Hier wird seit über 150 Jahren Süßes angeboten, aber der nach Geheimrezept hergestellte »travesseiro« mit Eiercrème ist die Sensation. ■ R. Padarias 1, Tel. 219 23 06 26, www.piriquita.pt, Do–Di 9–20 Uhr

4 Palácio Nacional de Queluz

3 *Die schönste Palastanlage des ganzen Landes*

Die Rokoko-Anlage entstand als Sommersitz der Familie Bragança und war von 1794 bis 1807 offizielle Residenz der portugiesischen Könige. Noch heute wird ein Teil des Palasts als Gästehaus des Staats genutzt. Die reich ausgestatteten Staatsräume und Appartements lassen das 18. und 19. Jh. aufleben. Das Geburtszimmer von Pedro IV. (1798–1834) ist mit Szenen aus dem Cervantes-Roman »Don Quixote« geschmückt. Von den Räumen blickt man auf die Gartenanlage, zu der man am Ende des Palasts über die Löwentreppe gelangt. Der Treppe gegenüber diente der mit Fliesen verzierte Kanal als Schauplatz für Wasserspiele. Die Gärten zur Schaufassade hin sind in französischem Stil streng geometrisch angelegt.

■ L. Palácio de Queluz, 2745-191 Queluz, www.parquesdesintra.pt, tgl. 9–19, Winter bis 17.30 Uhr, Schloss/Park 10 €, Park 5 €

Verkehrsmittel

Zug Vom Bahnhof Rossio Richtung Sintra, Haltestellen Queluz-Belas oder Monte Abrão, dann 15 Min. Fußweg. ■ Einzelfahrt 2,25 €, www.cp.pt

5 Palácio Nacional e Convento de Mafra

Kloster und Schloss zugleich für den Thronfolger

Als Anna Maria von Österreich João V. einen männlichen Erben geboren hatte, stiftete der König einen Prachtbau aus Marmor, der gleichzeitig Kloster und Residenz werden sollte. Der deutsche Architekt Johann Friedrich Ludwig plante die Anlage. Nach 13-jähriger Bauzeit, finanziert mit Gold aus der brasilianischen Kolonie, stand 1730 der Barock-Komplex mit 1200 Räumen, 156 Treppenhäusern und 29 Höfen. Bis zu 45 000 Arbeiter hatten gleichzeitig Hand angelegt, fast 1400 starben bei der Ausführung. Die königliche Familie nutzte den Palast zu keiner Zeit, nur 300 Mönche lebten im Konvent. In den beiden zentral stehenden Türmen hängen je 57 Glocken, das dreischiffige Kircheninnere ist mit Marmor in allen erdenklichen Schattierungen verkleidet. 40 000 Bände stehen in den Regalen unter dem 88 Meter langen Tonnengewölbe der Bibliothek, darunter äußerst kostbare Inkunabeln wie die »Schedelsche Weltchronik« aus dem Jahr 1493.

■ Terreiro D. João V, 2640-492 Mafra, www.palaciomafra.gov.pt, Palast Mi–Mo 9.30–17.30, Basilika tgl. 9.30–13, 14–17.30, Bibliothek werktags 9.30–13.30, 14–16 Uhr, 6 €

Verkehrsmittel

Bus Von Lissabon/Campo Grande Busse der Fa. Mafrense Richtung Ericeira mehrmals am Tag. ■ Dauer 70 Min., Einzelfahrt 4,20 €, www.mafrense.pt

6 Península de Setúbal

Halbinsel mit einem endlos erscheinenden, breiten Strand

Der von Lissabon über die Ponte de 25 Abril zügig erreichbare 25 Kilometer lange, beliebte Strand der Halbinsel –

Die Rokoko-Anlage des Palácio Nacional de Queluz ist umgeben von Gärten

Der Leuchtturm am Cabo Espichel stammt aus dem Jahr 1790

die Costa Azul – ist in Hauptstadtnähe von hohen Häusern flankiert; je weiter man sich von Lissabon entfernt, desto spärlicher wird die Bebauung (und die Strände entsprechend leerer). Ein Leuchtfeuer am südlichsten Punkt, dem Cabo Espichel, gibt es seit dem Jahr 1430 (der heutige Leuchtturm stammt von 1790). Gleich nördlich hat man zu Beginn des 18. Jh. das Heiligtum Nossa Senhora do Cabo Espichel errichtet (1410 soll hier die Jungfrau auf einem Maultier dem Meer entstiegen sein). Die über 150 Meter langen, die Kirche flankierenden Gebäudezeilen beherbergten einst Pilger.

ADAC *Mobil*

Eine sieben Kilometer lange, gemütlich schaukelnde **Strandbahn** verbindet Caparica am nordwestlichen Ende der Halbinsel mit den Stränden im Süden (Juni–Sept. tgl. 9.30–19.30 Uhr, Hin- und Rückfahrt 8 €).

Sehenswert

Igreja do Convento de Jesus

| Kirche |

Das Gotteshaus des 1490 gegründeten Klarissenklosters ist das erste vollständig der Manuelinik verpflichtete Gebäude überhaupt, seinen Baumeister Diogo de Boitaca (1460–1528) hatte Mateus Fernandes inspiriert, der im Kreuzgang des Klosters von Batalha erstmals manuelinische Stilmittel verwendete. Am augenfälligsten sind die in sich verdrehten Säulenschäfte der Hallenkirche und das filigrane Sterngewölbe des Altarraums.

■ R. Acácio Barradas 2, 2900-197 Setúbal, Di–Sa 10–18, So 15–19 Uhr, 2 €

Verkehrsmittel

Mit der Bahn kommt man werktags stündlich vom Lissabonner Bahnhof Roma Areeiro mit dem Privatbahnbetreiber Fertagus zur Halbinsel von Sétubal. ■ www.fertagus.pt, Fahrtzeit 60 Min., Einzelfahrt 4,50 €

Restaurants

€€ | **Carnes do Convento** Hier werden in rustikalem Ambiente Fleischgerichte vom Spieß (»espetada«) oder vom heißen Stein serviert. Die Bedienung ist sehr freundlich und zuvorkommend. ■ R. Acacio Barradas 1, Tel. 934 17 38 47, Mo–Fr 12.30–14.30, 19.30–23, Sa 19.30–23.30 Uhr

Übernachten

Natürlich möchte jeder im Herzen Lissabons übernachten. Allerdings ist nicht jedes Haus mit einem Fahrzeug zu erreichen. Wer plant, mit dem Mietwagen durchs Land zu fahren, sollte ihn vor oder nach dem Lissabon-Aufenthalt mieten. Pro Nacht und Gast erheben Lissabon und Cascais eine Bettensteuer von 1 €.

Lissabon Alfama 67

€ | **Pensão São João da Praça** Einfache Pension bei der Kathedrale, saubere Zimmer mit eigenem oder mit Gemeinschaftsbad. ■ R. de São João da Praça 97, 1100-009 Lisboa, Tel. 218 86 25 91

€€€ | **Solar dos Mouros** Kleine Pension unterhalb der Burg mit 13 eleganten Zimmern mit afrikanischer Kunst. ■ R. do Milagre de Santo António 6, 1100-351 Lisboa, Tel. 218 85 49 40, http://solardosmouroslisboa.com

Lissabon Baixa/Bairro Alto 72

€ | **Lisbon Story Guesthouse** Angenehmes Gästehaus beim Rossio mit Doppelzimmern. Schöne Aufenthaltsräume ■ L. São Domingos 18, 1150-320 Lisboa, Tel. 218 87 93 92, www.lisbonstoryguesthouse.com

ADAC *Das besondere Hotel*

The Dorm Dort, wo die Nonkonformisten ihre Mode kaufen, schläft man in Sälen mit Privatheit garantierenden »Cubby Holes« oder in Doppelzimmern; alles sehr sauber und angesagt.
€ | R. Rodrigues de Faria 103, LX Factory, 1300-501 Lisboa, Tel. 211 34 67 46, http://thedorm.pt

€€ | **Lissabon-Altstadt** Apartments in unterschiedlicher Größe und Ausstattung. ■ www.lissabon-altstadt.de

€€€ | **Turim Restauradores** Komforthotel zu erschwinglichen Preisen an der unteren Station des Elevador da Glória. ■ R. da Glória 9, 1250-114 Lisboa, Tel. 213 40 02 70, www.galahotels.com

Costa do Estoril 82

€€ | **Smart** Angenehmes kleines Hotel in ruhiger Lage in fußläufiger Entfernung zum Strand; zweckmäßig eingerichtete, saubere Zimmer, feine Bäder, Pool. ■ R. Maestro Lacerda 6, 2765-239 Estoril, Tel. 214 68 21 64, www.hotel-smart.net

Sintra 82

€€ | **Nova Sintra** Familiengeführte Unterkunft in Bahnhofsnähe in einem gepflegten Garten. ■ L. Afonso de Albuquerque 25, 2710-519 Sintra, Tel. 219 23 02 20, https://novasintra.com

Setúbal 85

€€ | **Sesimbra Hotel & Spa** Großes Vier-Sterne-Ferienhotel am Strand mit allen Annehmlichkeiten. ■ R. Navegador Rodrigues Soromenho, 2970-773 Sesimbra, Tel. 212 28 98 00, www.sesimbrahotelspa.com

Coimbra und Centro – Ritter, Dörfer und Klöster

Landschaftsvielfalt im Centro: schroffe Berge, liebliche Täler und Strände bis an den Horizont

Sich am Meer niederlassen und Badeausflüge unternehmen oder sich in den Bergen verstecken und das Landesinnere entdecken – die Region Centro zwischen Lissabon und Porto, zwischen Ozean und Spanien, ist für beides ideal. Sie lockt mit romantischen Burgruinen wie dem Castelo de Almourol, den Klöstern Batalha, Tomar und Alcobaça, dem Wallfahrtsort Fátima und Badedestinationen wie Peniche und Nazaré. In Coimbra wartet eine Traditionsuniversität auf Besucher, und die Grabungen Conímbrigas erzählen von der Römerzeit. Wer malerisch auf Hügel liegende Städtchen sucht, wird in Óbidos fündig, wer dicht bewaldete Berglandschaften liebt, besucht die Serra da Lousã. Ins Gebirge gelangt, wer auf Serpentinenstraße hochfährt zur Serra da Estrela.

In diesem Kapitel:

ADAC Top Tipps:

4 **Óbidos**
| Stadt |
Eines der schönsten Städtchen Portugals mit einer begehbaren Stadtmauer. 91

5 **Mosteiro de Santa Maria da Vitoría, Batalha**
| Kloster |
In Batalha hat die Manuelinik ihren Siegeszug begonnen. Im Kloster kristallisiert Landesgeschichte. 98

6 **Museu PO.RO.S, Conímbriga**
| Museum |
Anschaulicher und interessanter lässt sich eine Museum nicht gestalten: ein Einblick in die römische Antike. 103

ADAC Empfehlungen:

6 Convento de Cristo, Tomar
| Kloster |

Templer und Christusritter – eine Burg wie aus dem Bilderbuch mit großen Sälen und Gängen zum Verlaufen und immer wieder für neue Überraschungen. 94

7 Arcadas, Coimbra
| Restaurant |

Eines der besten Restaurants des Landes serviert portugiesische Spezialitäten neu interpretiert. 90

8 Paiva Walkways, bei Aveiro
| Aktivität |

So bequem lässt sich sonst nirgends die wilde Natur erkunden – auf Holzstegen durch eine Schlucht. 107

9 Burel, Manteigas
| Einkaufen |

Wunderschöne Taschen, Mäntel und Decken aus der Wollweberei der Serra da Estrela. 109

10 Rio do Prado, Óbidos
| Hotel |

Ein Hotel voller außerordentlicher Ideen – von Feuerstellen vor Luxusbungalows bis zu Gemüse aus dem eigenen Garten – und eine Oase der Ruhe und Exklusivität. 111

7 Peniche

Fischerort und Surferparadies mit Badestränden und bizarren Klippen

Information

■ Posto de Turismo, R. Alexandre Herculano, 2520-273 Peniche, Tel. 262 78 95 71, www.cm-peniche.pt

Den auf einer Halbinsel gelegenen Ort ließen João III. und João IV. durch die im Jahr 1645 fertiggestellte größte Seefestung des Landes sichern, die Fortaleza de Peniche an der Landenge. Praia dos Supertubos heißt der Strand südlich von ihr deshalb vollkommen zu Recht. An ihm treffen sich die Besten und kämpfen mit den Superwellen. Bei der Umrundung der Halbinsel fährt man in weiten Bereichen entlang der bizarr erodierten Felsformationen, beim Leuchtturm am Cabo Carvoeiro tragen sie etwa Namen wie Nau dos Corvos (Rabenschiff). Von dort blickt man auf die vorgelagerten Ilhas de Berlenga.

Sehenswert

Museu Municipal

| Museum |

Das städtische Museum erzählt u.a. die Geschichte der Festung, die Anfang des 20 Jh. Flüchtlinge des angloburischen Krieges aufnahm, im Ersten Weltkrieg deutsche und österreichische Kriegsgefangene verwahrte und unter Salazar als berüchtigtes politisches Gefängnis genutzt wurde.

■ Fortaleza de Peniche, Campo da República, Tel. 262 78 01 16, Di–Fr 9–12.30, 14–17.30, Sa, So 10–12.30, 14–17.30 Uhr, 1,60 €

Ilhas de Berlenga

| Inseln |

Das Fisch- und Vogelschutzgebiet der Berlenga besteht aus drei Inselgruppen. Die größte Insel – Berlenga Grande – liegt zehn Kilometer vom Festland entfernt, die Überfahrt dauert eine Stunde. 50 Menschen leben auf dem 1,4 Kilometer langen und 800 Meter breiten Eiland, die höchste Erhebung misst 88 Meter. Die Riffe und Grotten des Archipels sind ein beliebtes Tauchgebiet. Die Festung Forte de São João Baptista vermietet einfache Zimmer. 1666 war sie Schauplatz einer Schlacht mit einem spanischen Schiffsverband, der die Trauung des geistig und körperlich eingeschränkten Afonso VI. mit der Prinzessin Maria Franziska von Savoyen verhindern sollte. Sie erreichte jedoch einen Monat später Lissabon und heiratete Afonso.

Verkehrsmittel

Schiff Zwischen Peniche und Berlenga. ■ Ende Mai–Mitte Sept., 1–3 Mal/Tag, 20 €, http://viamar-berlenga.com

Restaurants

€ | 3House Beachbar und Restaurant mit windgeschützter Terrasse. Gute Fischgerichte und große Salate. ■ R. Praia do Baleal, Baleal, Tel. 925 31 05 25, https://3housesurfportugal.com, Sommer tgl. durchgehend

€€ | Taberna do Ganhao Leckere Fischgerichte beim Strand, einfaches Ambiente, kleine Terrasse, ausnehmend freundliches Personal, fast immer sehr voll, deshalb besser vorab reservieren. ■ R. Francisco Silvestre, Tel. 911 87 80 95, Do–Do 10– 22 Uhr

8 Óbidos

4 *Ein mittelalterliches Städtchen, hell, luftig und beschwingt*

i Information

■ Posto do Turismo, R. da Porta da Vila (Parkplatz), 2510-060 Vila de Óbidos, Tel. 262 95 92 31, www.obidos.pt

Die weiß gestrichenen Häuser mit blauen Tür- und Fensterrahmen und der Blumenschmuck sorgen innerhalb des 1,5 Kilometer langen intakten Mauerrings für heitere Stimmung. Hinter dem wehrhaften Stadttor mit Innenhof nahe dem Parkplatz gabeln sich mehrere Gassen und kurven über den Hügelrücken, bis sie sich beim Castelo auf der anderen Seite wieder vereinen. Souvenirläden, Bars, Lokale und Verkaufsstände für ein Gläschen des typischen Kirschlikörs (»ginjinha« oder »ginja«) reihen sich aneinander. Wer sicheren Trittes ist, wählt den Weg auf dem holprigen Pflaster der 13 Meter hohen Stadtmauer. Die Burg ist heute ein Hotel, die säkularisierte Igreja de Santiago daneben eine Buchhandlung. Óbidos begreift sich als Buchstadt, jeden Oktober findet ein Literaturfest statt. Die Praia do Bom Sucesso, ein langer Strand mit Sandbänken, bildet den Beginn der Lagune von Óbidos. Die Praia do Rio Cortiço ist eine kleine, tiefere Sandeinbuchtung hinter macchiabewachsenen Dünen.

Sehenswert

Igreja de Santa Maria

| Kirche |

Hauptwerk des Gotteshauses ist das anrührend skulptierte Renaissance-Grabmal (um 1530) des Franzosen Nicolas Chanterenne für den Gouverneur von Óbidos und dessen Gattin links des Chors. Man beachte auch die bemalte Holzdecke von 1676. Der Schandpfahl oberhalb des Kirchplatzes stammt vom Ende des 15. Jh.

■ Pr. de Santa Maria, tgl. 9.30–12.30, 14.30–19, Winter bis 17 Uhr

Die mittelalterliche Stadt Óbidos wartet mit einem begehbaren Mauerring auf

P Parken

Parking Porta da Vila (bei der Touristeninfo), 1,50 €/Std., die nicht asphaltierten Parkplätze sind kostenfrei.

Restaurants

€ | **Senhor Da Pedra** Auch wenn draußen nur »Snack Bar« steht, besuchen fast alle Einheimischen das gute und günstige Restaurant. ■ L. do Santuario, Tel. 262 95 93 15, Mo–Sa 9.30–22.30 Uhr

€€ | **N'Aldeia** Snackbar an der Lagune, leichtes Mittagessen, gute Fischplatten. ■ Aldeia dos Pescadores, Lagoa de Óbidos, Tel. 262 10 67 54, Mi–Mo 9–22 Uhr

ADAC *Mittendrin*

Das Literaturfestival **Literário Internacional de Óbidos FOLIO** (http://obidosvilaliteraria.com) im Oktober gibt es erst seit wenigen Jahren, der große Durchbruch kam 2016 – mit Schriftstellerprominenz in Person von Salman Rushdie. Workshops, Diskussionen und Lesungen ziehen nicht nur die portugiesischen Intellektuellen an.

9 Santarém

Hoch über dem Tejo hat die Gotik in Portugal ihre Heimat

i Information

■ Posto de Turismo, R. Capelo e Ivens 66, 2000-039 Santarém, Tel. 243 30 44 37, www.cm-santarem.pt

Die Geschichte der Gegend um Santarém reicht weit zurück in vorrömische Zeit; fruchtbare Böden sorgten für Wohlstand, und der Handel auf dem Tejo tat das Seine. Im 14. Jh. avancierte Santarém unter König Afonso IV. sogar zur Residenz. Ins 13. und 14. Jh. fällt auch die Errichtung der meisten Kirchen und Klöster, die in der größten zusammenhängenden Altstadt des Landes stehen. Schönster Aussichtspunkt ist der Park Portas do Sol im Südwesten der Stadt mit Blick auf die fruchtbaren Ebenen entlang des Tejo.

Sehenswert

Igreja do São João de Alporão/ Museu Municipal de Santarém

| Museum |

In der Kirche (12. Jh.) ist heute das archäologische Museum untergebracht. Sie ist eines der ersten Gotteshäuser am Übergang von Romanik zu Gotik. Das romanische Portal krönt eine Rosette, im Inneren zeigt der Chor ein gotisches Gewölbe. Das Grabmal für Duarte de Menezes, der Heinrich den Seefahrer auf seinem Zug in Marokko begleitete, ist leer, die Mauren zerfetzten seinen Körper vollständig.

■ L. Engenheiro Zeferino Sarmento 12, wg. Renovierung derzeit geschlossen

Igreja da Graça

| Kirche |

Die spätgotische Kirche aus dem 14. Jh. gilt als Schmuckstück des Landes. Das filigrane Portal von Batalha-Baumeister Afonso Domingues krönt eine aus einer einzigen Steinplatte gehauene Fensterrosette. Im Inneren tragen Säulen Spitzbogenarkaden. Die Grabplatte im rechten Chor (und ein Denkmal am Kirchplatz) erinnert an den Brasilien-Entdecker Pedro Álvares Cabral.

■ L. Pedro Álvares Cabral 12, tgl. 10–13, 14–18, Winter 9.15–12.30, 14–17.15 Uhr

Einer der acht Kreuzgänge im Convento de Cristo in Tomar

Museu Diocesano

| Museum |

Das Diözesanmuseum im ehemaligen Bischofsseminar neben der Kathedrale zeigt thematisch geordnet religiöse Kunst. Das Kruzifix Cristo do Mont'Iraz in Raum 2 stammt aus dem 13. Jh. Die Wände des Refektoriums sind mit schönen Azulejos geschmückt. Die barocke Fassade der Kathedrale zeigt Anklänge an Manuelinik und Renaissance, im Inneren ist vor allem die illusionistisch bemalte Holzdecke mit Maria und den vier Jahreszeiten beachtenswert.

■ Pr. Sá da Bandeira 1, Tel. 243 30 40 65, www.museudiocesanodesantarem.pt, Mo–Fr 10–13, 14–18, Sa 10–13, 14–19, So 14–19 Uhr, 4 €

Parken

Parking Jardim das Portas do Sol Ausreichend kostenfreie Parkplätze.

Restaurants

€€ | **Toucinho** Die »sopa de pedra«, die Steinsuppe, sollte man auf alle Fälle bestellen. ■ R. de Timor 25, 2080-095 Almeirim, Tel. 243 59 22 37, www.toucinho.com, Fr–Mi 11.30–15, 18.30–22 Uhr

10 Tomar

Templer über der Stadt – Irrgarten der Kreuzgänge, Flure und Säle

Information

■ Posto de Turismo, Av. Dr. Cândido Madureira 531, 2300-531 Tomar, Tel. 249 32 98 00, www.cm-tomar.pt

Der 1118 gegründete Templerorden erhielt wegen seiner Verdienste im Kampf gegen die Mauren 1158 eine Burg zehn Kilometer nördlich von Tomar als Geschenk. Da diese aber schlecht zu verteidigen war, bauten die Ritter eine neue oberhalb von Tomar. Als UNESCO-Welterbe ist die Burg der Besuchermagnet, obwohl auch das Städtchen mit Kirchen aus dem 15. und 16. Jh. und der einzigen erhaltenen Synagoge Portugals (heute ein Museum jüdischen Lebens) Aufmerksamkeit verdient.

Convento de Cristo

| Kloster |

6 *Eintauchen ins Mittelalter in umfangreichem Denkmal*

Vier Hektar bebauter Grund und acht Kreuzgänge machen den Konvent zum größten Flächendenkmal Portugals. Der Zutritt über eine Treppenanlage und Terrasse vorbei am prächtigen manuelinischen Portal lässt das Mittelalter wieder aufleben. Erhalten geblieben aus der Templerzeit ist die massive, als Verteidigungswerk ausgebildete romanische 16-eckige Rotunde. Die Gebetskapelle ist vom byzantinischen Baustil beeinflusst. Der Christusorden hat in mehreren Bauphasen das gotische Langhaus und die Kreuzgänge anbauen lassen. Die manuelinische Überformung des Christuskonvents hinterließ neben dem Hauptportal und zahlreichen dekorativen Elementen eines der fotogensten Fenster Portugals (Nordfassade des Kapitelsaales/Langhauses).

■ Colina do Castelo, www.conventocristo.gov.pt, tgl. 9–18.30, Winter 9–17.30 Uhr, 6 € (mit den Klöstern Alcobaça und Batalha 15 €)

Parken

Parking Colina do Castelo Kleiner Parkplatz am Burgeingang. ■ 2 Std. 1,60 €, max. 6 €/Tag

Restaurants

€ | Casa da Ratas Das »Rattenhaus« und die dazugehörige Casa Matreno servieren lokale Spezialitäten wie das Eintopfgericht »Steinsuppe« – gut, gemütlich, günstig. ■ R. Dr. Joaquim Jacinto 6, Tel. 933 54 91 28, Mo–Sa 12–15, 19–22.30, So 12–15 Uhr

€€ | O Sabor da Pedra Elegant-rustikales Dinieren mit Blick auf den Stausee Castelo de Bode; vornehmlich Fleisch-, aber auch Fischgerichte, Spezialität ist Zicklein aus dem Ofen. ■ R. do Rio 5, Alverangel, Tel. 918 22 74 32, www.osabordapedra.com, Di–So 11–22 Uhr

Cafés

Café Paraíso Im »Paradiescafé« fühlte sich schon der Schriftsteller Umberto Eco wohl – die Einrichtung mit Marmorsäulen, Spiegeln und Chromfreischwingern stammt aus der ersten Hälfte des 20. Jh. ■ R. Serpa Pinto 127, Tel. 249 31 29 97, www.cafeparaisotomar.com, Mo–Sa 8–4, So 8–20 Uhr

Kneipen, Bars und Clubs

A Ginjinha d'Castelo Unterhalb der Burg – in der Gasse oder im Gastraum mit einer wunderschönen Ladeneinrichtung – gibt es den berühmten Sauerkirschlikör »ginjinha«. ■ R. Beato Simões Lopes, Ourém, Tel. 912 30 87 96, tgl. 10–2 Uhr

ADAC *Spartipp*

Das **Sammelticket** »Bilhete conjunto Rota do Património« kostet 15 € und erlaubt den Eintritt in die drei Klöster von Tomar, Alcobaça (S. 97) und Batalha (S. 98).

Vor der Rosenkranzbasilika in Fátima breitet sich ein riesiger Platz aus

In der Umgebung

Fátima

| Wallfahrtsort |

Mit Lourdes, Loreto, Altötting, Mariazell und Tschenstochau zählt Fátima zu den sechs bedeutendsten Marienwallfahrtsorten der römisch-katholischen Kirche. Im Jahr 1917 soll die Muttergottes den drei Hirtenkindern Lúcia, Jacinta und Francisco an mehreren Tagen auf einem Feld erschienen sein. Nach Anerkennung des Wunders durch den Vatikan begann der Bau der Pilgerstätte mit der neobarocken Rosenkranzbasilika und beidseitigem Säulengang. Vor ihr breitet sich der 15 Hektar große Platz aus, den weitere Gebäude flankieren. In seiner Mitte steht am Ort des Wunders die Capela das Apariçoes, die Erscheinungskapelle. Die Südwestseite des Platzes nimmt der Rundbau der größten im 21. Jh. errichteten katholischen Kirche ein – die Basílica da Santíssima Trindade (Basilika zur Heiligsten Dreifaltigkeit) bietet Sitzplätze für etwa 9000 Personen. 2017, anlässlich des 100. Jahrestags der Erscheinungen, sprach Papst Franziskus Jacinta und Francisco, die bereits in jungen Jahren verstorben waren, heilig. Für Lúcia, die als Nonne 2005 verstarb, läuft noch das Seligsprechungsverfahren.

■ Apartado 31, 2496-908 Fátima, Tel. 249 53 96 00, www.fatima.pt, zahlreiche Messen und Rosenkränze von frühmorgens bis spätabends

Castelo de Almourol

| Burg |

Grüne Büsche und Bäume am Ufer, Felsen, Türme und Zinnen auf der kleinen Insel mitten im Tejo: Die 1171 fertiggestellte Templerburg Almourol erfuhr im 19. Jh. ein romantisches »Face-

Im Blickpunkt

Prunkvolle Manuelinik

Der manuelinische Stil (Emanuelstil) ist die ureigene portugiesische Weiterentwicklung der Spätgotik, die während der Regierungszeit König Manuels I. Anfang des 16. Jh. stattfand. Von dekorativem und detailversessenem Überschwang des Steinschmucks durchdrungen, hatte sie keinerlei Einfluss auf die Architektur außerhalb Portugals. Ihren Ausgang nahm sie im Kloster von Batalha (S. 98), ihre Fortsetzung fand sie in der Jesuskirche von Santarém (S. 92), ihr Höhepunkt waren die Bauten in Belém (Hieronymitenkloster und Turm, S. 79, 80). Muscheln, Pflanzen und verknotetes Tauwerk meißelten die Meister aus Stein, in sich selbst verdrehte Säulen tragen die Kirchengewölbe.

lifting«. Erhalten geblieben sind die doppelten Umfassungsmauern mit neun Rundtürmen und der schlanke Bergfried in der Mitte. Zur Burg gelangt man mit einem kleinen Fischerboot, das nach Bedarf übersetzt.

■ 2260-403 Almourol, Tel. 249 71 15 50, tgl. 10–13, 14–19, Winter 10–13, 14.30–17 Uhr, Burg mit Überfahrt 4 € (letzte Überfahrt 40 Min. vor Schließung)

Castelo de Ourém

| Burg |

Perfekt sanierter Burgkomplex mit zwei großen Türmen auf fünfeckigem Grundriss über dem mittelalterlichen Städtchen, der wohl im 12. Jh. an der Stelle einer maurischen Festung errichtet wurde. Ihre heutige Form erhielt die Burg im 15. Jh. Auf einem schönen Panoramaweg lässt sich der Burgberg umrunden.

■ Estr. Nacional 356, 2490-460 Ourém

11 Alcobaça

Ehemaliges Zisterzienserkloster mit der größten Kirche Portugals

i Information

■ Posto de Turismo, R. 16 de Outubro 7, 2460-017 Alcobaça, Tel. 262 58 23 77, www.cm-alcobaca.pt

Das Städtchen zwischen den Flüssen Alcoa und Baça geht auf eine Klostergründung der Zisterzienser zurück, die ihre Demut auch bei der Ortswahl für ihre Bauten bewiesen. Nicht von Hügeln herab wollte man in die Welt blicken, sondern sich in Niederungen Glauben und Arbeit widmen (bis ins Mittelalter lag Alcobaça in Meereshöhe an einer Lagune).

Sehenswert

Mosteiro de Santa Maria de Alcobaça

| Kloster |

Auf über 220 Meter erstreckt sich die Fassade des UNESCO-Welterbes zum Stadtplatz hin, dahinter staffeln sich drei Kreuzgänge. Zwar waren die Zisterzienser der Armut und Askese verpflichtet, das Kloster wirkt durch seine Größe jedoch als gegensätzliches Statement. In der Mitte der Hauptfassade ragen zwei Glockentürme auf. Erstmals hatte der Orden 1153 ein Kloster erbaut, mehrfach wurde es zerstört. Dem Kloster gehörten aber über 60 000 Hektar Land, dessen Ertrag den Wiederaufbau immer wieder finanzierte. Das heutige Aussehen erhielt das Kloster nach dem Erdbeben von 1755, wobei der ursprünglich frühgotische Kern erhalten blieb. Über eine Freitreppe betritt man das Langhaus. Die Inneneinrichtung plünderten allerdings 1810 Soldaten Napoleons. Kostbarster Besitz sind die Sarkophage für König Pedro I. (1320–1367) und seine Geliebte Inês de Castro (1320–1355). Der Vater Pedros, König Afonso IV., ließ die Kastilierin Ines 1355 ermorden, da er Einmischungen Spaniens in die Thronfolge fürchtete. Pedro ließ Inês' Leichnam der Legende nach 1360 aus Coimbra holen, sich mit der Toten vermählen und bettete sie dann im Kloster zur letzten Ruhe.

■ Pr. 25 de Abril, www.mosteiroalcobaca.gov.pt, tgl. 9–19, Winter 9–18 Uhr, 6 € (mit Convento de Cristo und Batalha 15 €)

Restaurants

€€ | António Padeiro Exzellente Fisch- und Fleischgerichte. ■ R. Dr. Maur Cocheril 27, Tel. 262 58 22 95, www.antoniopadeiro.com, tgl. 11–15, 19–22 Uhr

Das Mosteiro de Santa Maria de Alcobaça gehört zum UNESCO-Welterbe

In der Umgebung

Nazaré

| Seebad |

Aus dem Fischerdorf 15 Kilometer nordwestlich von Alcobaça wurde eine Touristenhochburg mit schönem Strand und zwei Ortsteilen. Eine Linie moderner Gebäude steht unten am Meer, oben auf der nördlichen Klippe und mit der Bucht per Standseilbahn verbunden liegt der alte Ortskern – Sítio – mit dem Santuário de Nossa Senhora da Nazaré, Pilgerziel auch von Vasco da Gama nach seinen geglückten Indien-Reisen 1497 und 1499. Bekannt ist Nazaré bei Surfern für die

In Nazaré fährt man mit der Standseilbahn vom Ort an den Strand

extrem hohen Wellen. In der Umgebung (5 km südlich) steht die Igreja de São Gião, eine der wenigen erhaltenen Kirchen aus westgotischer Zeit.

12 Batalha

Eine Entscheidungsschlacht und ihre Folgen – Kleinstadt mit Vergangenheit

Information

■ Posto de Turismo, Pr. Mouzinho de Albuquerque, 2440-121 Batalha, Tel. 244 76 51 80, www.centerofportugal.com

Dass Batalha überhaupt existiert, liegt an der Schlacht von Aljubarrota, die João I. 1385 gegen Kastilien focht, für sich entscheiden konnte und damit die Unabhängigkeit Portugals sicherte. Er gelobte daraufhin die Errichtung eines Klosters mitten auf grüner Flur, und das entstehende Dorf erhielt den Namen Batalha – »Schlacht«.

Sehenswert

Mosteiro de Santa Maria da Vitoría

| Kloster |

5 *Batalhas Kloster ist die Wiege der Manuelinik*

1387 begann man mit dem Bau des heute zum UNESCO-Welterbe zählenden Dominikanerklosters der heiligen Maria vom Siege, 200 Jahre später war es mehr oder weniger fertiggestellt. Das spätgotische Hauptportal der Kirche ist nach Westen hin orientiert. 15 Baumeister hatten über die Zeit ihre Ideen mit eingebracht. Mateus Fernandes (ab etwa 1490) gilt als Begründer der Manuelinik und schuf die Dekoration der Bogen im Königlichen Kreuzgang und das Portal der unfertigen Kapellen (seine Grabplatte liegt rechts des Eingangs). Ebenfalls rechts vom Eingang geht es in die Stiftungskapelle (Capela do Fundador), das erste Pantheon Portugals, in der João I. (1357–1433) mit seiner Frau Filipa de Lencastre in der Mitte in einem prächtigen Doppelsarkophag liegt. Die Grabmäler ihrer Nachkommen, u.a. das von ihrem Sohn Heinrich dem Seefahrer, befinden sich in Wandnischen. In der Sakristei ist die Bemalung aus dem 14. Jh. im Deckenbereich noch in Teilen erhalten. Im Kapitelsaal, einer der größten Hallen Portugals ohne Zentralsäule, wechselt mit knallenden Stiefeln stündlich die Wache am Grab des unbekannten Soldaten.

■ L. do Mosteiro, www.mosteirobatalha.gov.pt, tgl. 9–18.30, Winter 9–17.30 Uhr, 6 € (mit den Klöstern Alcobaça und Convento de Cristo 15 €)

Centro de Interpretação da Batalha de Aljubarrota

| **Museum** |

Modernes Museum zur Schlacht, die die Unabhängigkeit Portugals für die nächsten Jahrhunderte sicherte. Auf dem Freigelände lassen sich die Stellungen der Kontrahenten mit Projektionskästen nachvollziehen.

■ Av. Nuno Álvares Pereira 120, Tel. 244 48 00 60, www.fundacao-aljubarrota.pt, Di–So 10–17.30 Uhr, 7 €

Restaurants

€ | **Rino** Café mit Süßem, »petiscos« (Vorspeisen), Sandwiches und Salaten am Hauptplatz. Tische im Freien. ■ Pr. Mouzinho de Albuquerque 3, Tel. 244 76 82 00, tgl. 8–21 Uhr

€€ | **Burro Velho** Zentrale Lage beim Kloster, leckere »petiscos«, lokale Küche mit Fisch- und Fleischgerichten, immer gut besucht. ■ R. Nossa Senhora do Caminho 6a, Tel. 244 76 41 74, http://burrovelho.com, tgl. 12–23 Uhr

In der Umgebung

Castelo de Leiria

| **Burg** |

Afonso I. gab nach der Eroberung Leirias von den Mauren im Jahr 1135 den Befehl, eine Burg zu errichten, die 60 Jahre später zur Festung ausgebaut wurde. Nach nochmaligem Umbau zu einem Palast verfiel die Anlage über die Zeit. Die 1898 entwickelte romantische Vision einer Burg als Teilruine wurde zwischen 1915 und 1950 umgesetzt. Herrlich ist die Aussicht von der neogotischen Loggia.

■ L. de São Pedro, 2400-235 Leiria, Tel. 244 81 39 82, tgl. 9.30–18.30, Winter 9.30–17.30 Uhr, 2,10 €

Im Mosteiro de Santa Maria da Vitoría in Batalha finden sich Anklänge der Manuelinik

13 Coimbra

Universitätsstadt am Rio Mondego

Der Largo da Portagem mit Denkmal für den Politiker Joaquim António de Aguiar

Information

- Posto de Turismo, Pr. da República, 3000-343 Coimbra, Tel. 239 85 71 86; Posto de Turismo, L. da Portagem, 3000-337 Coimbra, Tel. 239 48 81 20; www.turismodecoimbra.pt
- Parken: siehe S. 102

Steil und voller Leben sind die Treppen und Gassen vom Ufer hinauf in die Altstadt. Die Mauren spielten in Coimbra eine wichtige Rolle, auch die jüdische Gemeinde hinterließ Spuren. 1139–1256 war Coimbra Hauptstadt Portugals, 1307 verfügte König Dinis den Umzug der Universität von Lissabon an den Rio Mondego. Ab dem 15. Jh. kamen Gelehrte und Studenten aus ganz Europa. Der Fado hat durch Letztere in Coimbra einen ganz eigenen Stil gefunden.

Sehenswert

1 Universidade Velha de Coimbra

| Universität |

Die Blütezeit der Lehranstalt – seit 2013 UNESCO-Welterbe – begann 1537, als sie in den Königspalast von Alcáçova einzog. Nach Passieren der Porta Férrea verläuft rechterhand die Via Latina, vorgeblendete Arkaden, von denen es

Plan S. 102

in den Festsaal Sala dos Capelos geht. Dessen Holzdecke entstand 1655, die Gemälde der Könige bis 1908. Das Flachdach des Uhrturms, Wahrzeichen der Stadt, diente astronomischen Beobachtungen. Die Capela de São Miguel ist in diversen Stilen mit Azulejos, manuelinischem Dekor, barockem Orgelbalkon, Renaissance-Malerei und manieristischem Altar ausgestattet. Die Biblioteca Joanina ist eine der prachtvollsten der Welt. Da die Universität eine eigene Gerichtsbarkeit besaß, gibt es auch ein Gefängnis.

■ Kasse Pr. da Porta Férrea, www.uc.pt, 9–19.30, Winter 9–13, 14–17 Uhr, Uhrturm Sommer 10.30–19 Uhr, 13 €

2 Museu Nacional de Machado de Castro

| Museum |

Die Ausstellung im ehemaligen Bischofspalast zeigt neben Skulpturen der Bildhauerschule Coimbras u.a. Gemälde, Goldschmiedearbeiten, Möbel, Sakralkunst und Funde aus der Antike. Der Palast wurde auf einem Gewölbe aus römischer Zeit errichtet.

■ L. Dr. José Rodrigues, Tel. 239 85 30 70, www.museumachadocastro.gov.pt, Di 14–18, Mi–So 10–18 Uhr, 6 € (nur röm. Gewölbe 3 €)

3 Sé Velha

| Kathedrale |

Der Ursprung der turmlosen, nur am Chor überkuppelten »alten Kathedrale« liegt im 12. Jh., im 16. Jh. erhielt das romanische Bauwerk die heutige Innenausstattung und das Marmorportal. Der Altar (1508) geht auf flämische Meister zurück. Im gotischen Kreuzgang steht der weiße Sarkophag des Grafen Sesnando († um 1090), erster Gouverneur Coimbras nach der Rückeroberung von den Mauren.

■ L. Sé Velha, Tel. 239 82 52 73, http://sevelha-coimbra.org, Mo–Fr 10–17.30, Sa 10–18.30, So 11–17 Uhr, 2,50 €

4 Mosteiro de Santa Cruz

| Kloster |

1131 als Augustinerkloster gegründet, überformte Diogo de Boitaca Anfang des 16. Jh. den Bau in manuelinischem Stil, den man am besten am Hauptportal erkennt. Das Grabmal des ersten Königs Portugals, Afonso I., befindet sich links im Altarraum, im Hochchor

zeigen Schnitzereien die Heldentaten portugiesischer Seefahrer.

■ Pr. 8 de Maio, Tel. 239 85 10 90, Mo–Sa 11.30–16.30, So 14–17 Uhr, 3 €

5 Arco de Almedina

| Historisches Gebäude |

Der Torbau ist mit dem Arco da Barbaça Teil der ehemaligen maurischen Befestigung; in ihm ist ein Museum zur Befestigung Coimbras untergebracht, der Núcleo da Cidade Muralhada.

■ Torre de Almedina, Di–Sa 10–13, 14–19, Winter bis 18 Uhr, 1,60 €

6 Mosteiro de Santa Clara-a-Velha

| Kloster |

In den Sand baute man ab 1286 das von Isabel von Aragón gestiftete Kloster. Regelmäßig überschwemmt, verfiel es. Die Ruinen versanken bis zu fünf Meter tief in den Grund. Bekannt ist es als Grablege für Inês de Castro, bevor sie Pedro I. nach Alcobaça überführen ließ. Im modernen Annex ist ein Museum zum Kloster untergebracht.

■ R. das Parreiras, Tel. 239 80 11 60, Di–So 10–19 Uhr, 4 €

7 Jardins da Quinta das Lágrimas

| Park |

Kleiner Landschaftsgarten mit Ruinen in neogotisch-romantischem Stil und der Quelle Fonte dos Armores, an der der Vater von Pedro I. dessen Geliebte Inês de Castro ermorden ließ.

■ R. António Augusto Gonçalves, Di–So 10–19, Winter bis 17 Uhr, 2 €

Verkehrsmittel

Elevador do Mercado Aufzug und Standseilbahn (50 m) in die Oberstadt. ■ R. Olímpio Nicolau Rui Fernandes 189, Mo–Sa 7.30–21, So 10–21 Uhr, Einzelfahrt 1 €, Sa nachm./So 1,60 €, Plan S. 102 b1

Bus Linha Azul E-Busrundtour durch die Altstadt, wird per Handzeichen angehalten. ■ Haltestelle L. do Portagem, Einzelfahrt 1 €, Sa nachm./So 1,60 €, Plan S. 102 a2

P Parken

In der Altstadt sind Parkplätze rar, einige gibt es am Largo do Portagem und am Mercado Municipal (3 Std. 2 €).

Restaurants

€ | **Quim dos Ossos** Lokales Essen in großen Portionen zu günstigen Preisen. ■ R. António Vasconcelos 3, Tel. 239 82 31 46, Mo–Sa 8–21.45 Uhr, Plan S. 102 b1

7 €€€ | **Arcadas** Höchste Qualität in eleganter Atmosphäre; mit dem Degustationsmenü liegt man in dem ausgezeichneten Feinschmeckerrestaurant nie falsch. ■ R. António Augusto Gonçalves, Tel. 239 80 23 80, www.quintadaslagrimas.pt, tgl. 19.30–22.30 Uhr, Plan S. 102 südwestl. a2

Cafés

Café Crúzios Unter Gewölben (16. Jh.) gibt es Süßes und Herzhaftes. ■ Pr. 8 de Maio, Tel. 239 83 36 17, www.cafesantacruz.com, tgl. 7–2 Uhr, Plan S. 102 a1

Kneipen, Bars und Clubs

Quebra Costas Bei Studenten beliebtes Jazzlokal. Cocktails, Liveauftritte. ■ R. de Quebra Costas 45, Tel. 239 84 11 74, Mo–Sa 12–2, So 12–21 Uhr, Plan S. 102 b2

Konzerte

Fado ao Centro Fado-Aufführungen, in Coimbra besonders puristisch. ■ R. do Quebra Costas 7, Tel. 239 83 70 60, www.fadoaocentro.com, tgl. 18 Uhr, Dauer 50 Min., 10 €, Plan S. 102 a2

Kinder

Portugal dos Pequenitos Die bedeutendsten Monumente des Landes und Häuser in verkleinertem Maßstab. ■ L. Rossio de Santa Clara, Tel. 239 80 11 70, tgl. 10–19/20, Winter bis 17 Uhr, Kinder 5,95 €, Erw. 9,95 €, Plan S. 102 südwestl. a2

In der Umgebung

Conímbriga
| **Grabungsareal** |
Römische Soldaten eroberten die keltische Siedlung 139 v. Chr. Im 4. Jh. erhielt Conímbriga römisches Stadtrecht und leistete sich ein Forum. Mit der Völkerwanderung endete die römische Epoche, die Stadt verfiel und wurde im 8. Jh. verlassen. Neben Thermen, Amphitheater und einer frühchristlichen Basilika sind die Mosaiken zwischen den Fundamenten der Casa dos Repouxos aus dem 3. Jh. zur griechischen Mythologie sehenswert.
■ R. das Ruínas 7, 3150-220 Condeixa-a-Velha, www.conimbriga.gov.pt, tgl. 10–19 Uhr, 4,50 €

Gefällt Ihnen das?

Der Arm des römischen Imperiums war lang und reichte weit über die Iberische Halbinsel hinaus. Allerorten sind in den Museen die Artefakte der Antike gesammelt und Fundamente römischer Siedlungen freigelegt. Die schönsten **Brücken, die an Rom erinnern**, stehen in Chaves (S. 134) und in Ponte de Lima (S. 125). Bedeutende **Grabungen** finden sich in und bei Alcácer do Sal (S. 152) sowie in Mértola (S. 151).

Museu PO.RO.S
| **Museum** |
6 *Tiefe Einblicke in die römische Vergangenheit Portugals*
Didaktisch hervorragend konzipiertes und mit interaktiver Technik ausgestattetes Museum zur römischen Geschichte in Portugal. Durch einen Zeittunnel schreitet man in die Antike

Im Blickpunkt

Schicksalsmusik Fado

Musik für hochgradig Depressive, meinen böse Zungen. Natürlich ist Fado Weltschmerz, aber auch anrüchig und rechtschaffen, revolutionär und rückgewandt. Der Gesang vom vergangenen Glück treibt einem Tränen in die Augen. Abgeleitet vom lateinischen Wort »fatum« besingt der/die Fadista das tragische Schicksal der Vergänglichkeit. Vor 200 Jahren in den Spelunken der Armenviertel Lissabons entstanden, ist er Anfang des 20. Jh. gesellschaftsfähig geworden. Seit 2011 ist der Gesang immaterielles UNESCO-Welterbe. Eine Spielart ist der in studentischer Tradition entstandene Fado Coimbras – als Vehikel für Revolutionsparolen unter dem Salazar-Regime misstrauisch beäugt.

und erfährt, wie die Römer lebten und liebten, was sie dachten und machten.

■ Av. Bombeiros Voluntários de Condeixa 41, 3150-160 Condeixa-a-Nova, Tel. 239 94 91 22, www.poros.pt, Di–So 10–19, Winter bis 18 Uhr, 5 €

Serra da Lousã

| Landschaft |

In den dicht bewaldeten, wasserreichen Hügeln der Serra sind die Dörfer abgelegen und nur über schmale, steile und kurvige Straßen erreichbar. Die Gebäude wurden aus Schiefer errichtet, die Wege und Treppen mit Schiefer gepflastert – der graue Stein ist allgegenwärtig. Viele Siedlungen sind inzwischen verfallen, doch immer mehr Häuser werden renoviert. Badefreuden gibt es in Flussbädern in der Umgebung.

■ http://aldeiasdoxisto.pt

Mata Nacional do Buçaco

| Park |

Der Wald von Buçaco geht auf Karmeliter zurück, die auf einem Berg ein Kloster gründeten und es mit einer langen Mauer umgaben. Sie pflanzten über 700 Baum- und Straucharten auch aus fernen Ländern wie mexikanische Zypressen, Atlaszedern oder Ginkgobäume. 1887 ließ sich das Königshaus im Park einen Sommerpalast errichten, seit 1909 ein Luxushotel, in dem auch Agatha Christie gern abstieg. Auf sechs Pfaden kann man im Park lustwandeln. Das Karmeliterkloster ist nur noch in Teilen erhalten. Die Korkdeckung des Kreuzgangs steht für die Armut, in der der Orden leben wollte.

■ www.fmb.pt, Mo–Fr 8.30–19, Sa, So 8.30–20 Uhr, Kloster 13–14 Uhr geschl., Park Fußgänger frei, Pkw 5 €, Kloster 2 €

14 Aveiro

Die Stadt wird aufgrund ihrer Kanäle auch »Venedig Portugals« genannt

Information

■ Posto de Turismo, R. João Mendonça 8, 3800-145 Aveiro, Tel. 234 42 07 60, www.turismodocentro.pt

Die Salinen in der Lagune – die Ria de Aveiro – brachten der Stadt in der ersten Hälfte des 20. Jh. Reichtum, die Bürger leisteten sich Häuser im Stil der Belle Époque. Die Kanäle, einst zur Entwässerung und als Transportwege genutzt, sind die zweite Attraktion. Früher fuhren die Kähne durch die Lagune und sammelten als Dünger begehrten Tang ein, heute schippern sie Touristen auf dem Kanal herum.

Traditionelle »moliceiros« liegen vertäut am Hauptkanal von Aveiro

Sehenswert

Museu de Aveiro

| Museum |

Das Museum im Kloster der Dominikanerinnen zeigt Exponate vornehmlich aus der Barock-Zeit, aber auch ein Gemälde der Prinzessin Johanna (1472) von Nuno Gonçalves und eine Apostelfigur (16. Jh.). Das barocke Grabmal der Johanna steht zentral im Vorraum zur Kirche. Ein Kruzifix im Hochchor zeigt Jesus je nach Blickwinkel lächelnd oder in Agonie versunken.

■ Av. de Santa Joana Princesa, Tel. 234 42 32 97, Di–So 10–12.30, 13.30–18 Uhr, 4 €

Museu de Arte Nova

| Museum |

Das Museum residiert in einem Jugendstil-Gebäude. Die Exponate – Möbel, Bilder, Fayencen und Plakate – geben einen Einblick in Kunst- und Lebensstil des Jugendstils.

■ R. Barbosa Magalhães 9, Tel. 234 40 64 85, Di–Fr 9–12.30, 14–18, Sa, So 14–18 Uhr, 2 €

Parken

In der zentrumsnahen Zone A 0,80 €/Std., in Zone B 0,40 €/Std, max. 2 €/Tag.

Restaurants

€€ | **Mercado do Peixe** Direkt über dem Markt frischer Fisch. ■ L. Praça Peixe 1, http://mercadopeixeaveiro.pt, Di–So 12–15, Di–Sa 19.30–23 Uhr

€€€ | **Salpoente** Die beste Küche der Stadt. ■ Cais de Sao Roque 83, Tel. 915 13 86 19, http://salpoente.pt, tgl. 12.30–15, 19.30–22.30 Uhr

Auf Holzstegen und über Brücken geht es durch die Schlucht des Flusses Paiva

Cafés

Casa de Cha Arte Nova Museumscafé im Jugendstil mit Gebäck und kleinen Gerichten. ■ R. Dr. Barbosa Magalhães 9, Tel. 916 84 20 29, www.casadechaartenova.com, Di–Do 9.30–2, Fr, Sa 9.30–3, So 10–21 Uhr

Te Zero Hier gibt es die Spezialität der Stadt, die Süßspeise »tripas de Aveiro«. ■ R. de José Rabumba 6, Tel. 918 65 51 69, tgl. 10–2 Uhr

Kinder

Mit dem »moliceiro« durch Aveiro Kinder lieben die Fahrt mit den bunten traditionellen Booten mit ihrem schnabelförmigen Bug auf den Kanälen entlang der schönen Jugendstil-Häuserfassaden Aveiros. ■ R. de João Mendonça, www.vivaaria.com/canais-da-cidade, 10 €, Kinder 5 €

In der Umgebung

Museu Histórico da Vista Alegre

| Museum |

Was Meißener Porzellan für Deutschland, ist Vista Alegre in Portugal. Die königliche Porzellanfabrik geht auf das Jahr 1824 zurück und liefert auch heute noch in die ganze Welt und an erste Adressen (wie das englische Königshaus). Die Sammlung gibt einen Überblick über die Produktion edler Gebrauchsgegenstände und feinster Figuren. Eine Verkaufsausstellung und ein luxuriöses Hotel sind angeschlossen. Die benachbarte azulejogeschmückte Capela da Nossa Senhora da Penha de França aus dem 17. Jh. kann geführt besichtigt werden.

■ R. da Fábrica da Vista Alegre, 3830-292 Ílhavo, Tel. 234 32 06 00, https://vistaalegre.com, Museum tgl. 10–19 Uhr, 6 €, Führungen/Kapelle 7–9 Mal/Tag, 1,50 €

Costa Nova

| Seebad |

Bunt gestreift sind die Häuser entlang der Hauptpromenade der »Neuen Küste« und beliebtes Fotomotiv. Als nächstgelegener Badeplatz von Aveiro aus herrscht im Sommer an den Stränden immer viel Betrieb.

Paiva Walkways

| Wanderung |

8 *Auf Bohlen und über Brücken durch eine unberührte Schlucht*

Kondition und Schwindelfreiheit sollte man für die Wanderung nordöstlich von Aveiro mitbringen. In etwa drei Stunden geht es auf Holzstegen, über Hängebrücken und Treppen acht Kilometer durch eine steile Schlucht zwischen den Weilern Espiunca und Areinho.

■ Espiunca–Areinho/Arouca, www.passadicosdopaiva.pt, Sommer 8–20, Winter 9–17/18.30 Uhr, 1 €

15 Viseu

Renaissance-Paläste und eine Malschule des 16. Jahrhunderts

Information

■ Viseu Welcome Center, Adro da Sé, 3500-195 Viseu, Tel. 232 42 09 50, www.turismodocentro.pt

Stadt mit Renaissance-Gebäuden, Parks und prämierter Lebensqualität im Herzen der Weinberge von Dão. Die Altstadt lockt mit mehreren Museen und zahlreichen Lokalen rund um die Praça da República und den Adro da Sé, den die barocke Igreja da Misericórdia, das Museu Grão Vasco und die Kathedrale umstehen.

Sehenswert

Sé de Viseu

| Kathedrale |

Im 12. Jh. von Afonso I. beauftragt, erfuhr die Kathedrale auf dem höchsten Punkt der Altstadt im 16. Jh. Umbauten und im 17. Jh. die Neugestaltung der Fassade in manieristischem Stil. Im Inneren umfängt den Besucher die schlichte Erhabenheit der romanischen Kirche. Richtet man den Blick nach oben, fallen jedoch sofort die typischen Knoten der Manuelinik an den in sich verdrehten, aus Stein gehauenen Bogenbündeln auf. Den Renaissance-Kreuzgang des 17. Jh. erreicht man durch ein frühgotisches Portal, dessen Rahmung unüblich nicht gerundet, sondern spitzwinklig ausläuft.

■ Adro da Sé, Mo–Fr 8–12, 14–19, Sa, So ab 9 Uhr, Eintritt frei

Die Kathedrale von Viseu befindet sich auf dem höchsten Punkt der Altstadt

Museu Grão Vasco

| Museum |

In Viseu wurde im 16. Jh. eine der bedeutendsten Malschulen Portugals gegründet, einer der Hauptvertreter, Vasco Fernandes (1475–1542), stammte von hier. Die Ausstellung zeigt einige seiner wichtigsten Werke, die 14 Tafeln eines Retabel der Sé und das Abendmahl-Triptychon. Eine Christusfigur mit beweglichen Gliedern wurde im 13. Jh. bei Prozessionen verwendet.

■ Adro da Sé, Tel. 232 42 20 49, Di 14–18, Mi–So 10–18 Uhr, 4 €

P Parken

Kostenfrei parken an der Feira de São Mateus, dann mit der Standseilbahn zum Adro da Sé. ■ tgl. 8.30–20 Uhr alle 15/30 Min., kostenlos

Restaurants

€ | **Taberna da Milinha** Einfaches Lokal mit guten »petiscos« und rustikalen Hauptgängen. ■ R. Poeta Antonio Jose Pereira, Tel. 969 70 00 56, Di–Sa 12–14.30, 19.30–22.30, Mo 19.30–22.30 Uhr

€€ | **Casa Portuguesa** Gehobene Küche mit Variationen traditioneller Gerichte. ■ Adro da Sé 11, Tel. 232 09 41 50, Mi–So 12–15, 19.30–23, Di 19.30–23 Uhr

16 Serra da Estrela

Höchstes Gebirge auf dem Festland und größtes Schutzgebiet Portugals

i Information

■ Posto de Turismo, Jardim da Ribeira, 6290-518 Gouveia, Tel. 238 08 39 30, www.turismoserradaestrela.net

Eine Fahrt durch die Serra gehört zu den beeindruckendsten Touren des Landes. Gouveia am Fuß des »Sterngebirges« ist das Einfallstor. Eine 90 Kilometer lange Rundfahrt führt nach Süden Richtung Sabugueiro ins höchstgelegene Dorf Portugals. Danach geht

Im Blickpunkt

Historische Unterkünfte

Klöster, Burgen und Schlösser besitzt Portugal zuhauf, nicht wenige wurden bereits in den 1950ern zu Hotels umgewandelt – aber nicht, um dem Staat Geld zu bringen. Die Idee kam in den 1940ern aus dem Nationalen Propagandasekretariat, das die kulturelle Identität zu befördern gedachte. 2003 wurden die Pousadas auf 20 Jahre verpachtet. Heute existieren etwa 40 Häuser, die meisten in historischen Gebäuden.

www.pousadas.pt

es an Staubecken vorbei zum höchsten Punkt, dem Torre. Von ihm fährt man abwärts nach Manteigas, Zentrum der Textilindustrie. Die Straße zurück nach Gouveia windet sich wieder ins Gebirge und passiert die Penhas Douradas, die goldenen Felsen.

Sehenswert

Torre

| Aussichtspunkt |

1993 Meter liegt der höchste Punkt auf dem portugiesischen Festland über dem Meer. Tatsächlich ist der Torre kein Gipfel, sondern ein Plateau. Rund um die Landmarke stehen Mess- und Funkstationen sowie ein Gebäude mit Souvenirläden und Lokalen.

Belmonte

| Ortschaft |

Hoch auf einem Hügel rund um die Burg der Cabrals erbaut, ist Belmonte Geburtsort des Brasilien-Entdeckers Pedro Álvares Cabral (1467–1520). Ein Museum beleuchtet die Geschichte der jüdischen Gemeinde. ■ Museu Judaico, R. da Portela 4, Tel. 275 08 86 98, Di–So 9.30–13, 14.30–18 Uhr, 2,50 €

Restaurants

€€ | **Santa Luzia** Spezialität sind »feijocas«, Riesenbohnen mit Gemüse, Wurst und Knoblauch. ■ R. Dr. Esteves Carvalho 4, 6260-130 Manteigas, Tel. 275 98 12 83, tgl. 12–22 Uhr

Einkaufen

9 **Burel** In der Fabrik werden auf alten Maschinen Wolltextilien hergestellt und verkauft. ■ R. de Benguela 4, 6260-028 Manteigas, Tel. 275 09 89 32, https://burelfactory.com, Führung Mo–Fr 11 Uhr nach Anmeldung

Haus in Penhas Douradas (»goldene Felsen«) mitten in der Serra da Estrela

17 Guarda

Portugals höchstgelegene Stadt steckt voller Geschichte

Information

■ Welcome Center, Pr. Luís de Camões, 6300-725 Guarda, Tel. 271 20 55 30

In 1050 Meter Höhe sind die Winter kalt, und die Menschen suchen seit jeher Schutz in massiven Häusern aus Granit. Wenn die Sonne scheint, wirkt die Stadt aber recht heiter. Die Landschaften sind fruchtbar, die Bürger lebten gut. Zudem erachtete der König Guarda nahe der Grenze zu Spanien auch als strategisch wichtig. An vielen Stellen sind noch mittelalterliche Befestigungen erhalten. Wie üblich besaß die Stadt auch ein jüdisches Viertel.

Sehenswert

Sé da Guarda

| Kathedrale |

Ein Zinnenkranz unterstreicht den wehrhaften Charakter des massiven Granitbaus. Diogo de Boitaca steuerte Fassade, Westportal und die verdrehten Bündelsäulen bei. Die Szenen aus dem Leben Jesu am Altar (1550) bevölkern über 100 Figuren.

■ Pr. da Sé, tgl. 10–13.30, 15–18.30, Winter 9–12.30, 14–17.30 Uhr, 1 €

Museu da Guarda

| Museum |

Das Stadtmuseum im ehemaligen Bischofspalast von 1601 zeigt u.a. archäologische Funde, Sakralkunst (Skulpturen und Gemälde des 13.–18. Jh.), moderne Malerei, Waffen und Keramik. Bedeutend ist die polychrome Madonna mit Kind aus dem 13. Jh. – natürlich auch aus Granit.

■ R. General Alves Roçadas 30, Tel. 271 21 34 60, Di–So 10–12.30, 14–17.30 Uhr, 2 €

Die Ortschaft Marialva gehört zu den »Aldeias Históricas de Portugal«

Restaurants

€ | **Guido's Point** Am Torre de Ferreiros gibt es Snacks, Brunch, Abendessen und Cocktails. ■ R. da Torre 46, Tel. 910 78 01 18, Di–So 11–22 Uhr

€€ | **Belo Horizonte** Kleines, gemütliches Familienlokal mit ehrlicher, typischer Hausmannskost. ■ L. de São Vicente 2, Tel. 271 21 14 54, Di–Sa 12–15, 19–24, So 12–15 Uhr

In der Umgebung

Trancoso

| Ortschaft |

Als eines von zwölf Städtchen mit dem Prädikat »Aldeias Históricas de Portugal« (historische Orte) hat Trancoso seine Granitfassaden bestens konserviert: von außen wehrhafte Mauern und abweisende Tore, drinnen Gassen voller Hortensien, Renaissance-Arkaden und heiteren Plätzen. Die Spezialität des Ortes, »sardinhas doces« – süße Sardinen –, gibt es in den Cafés.

Marialva

| Ortschaft |

Ebenfalls zum exklusiven Club der historischen Orte gehört die auf einer Kuppe liegende Altstadt Marialvas. Sie ist noch mittelalterlicher als der Nachbar, allerdings weitgehend verlassen. Die Häuschen wurden als Feriendomizile hübsch hergerichtet.

Übernachten

Auch in der Hochsaison sollte es keine Probleme bereiten, abseits der Küste in den geschichtsträchtigen Städten des portugiesischen Herzlandes ein dem eigenen Geschmack entsprechendes Hotel zu finden.

Peniche/Ilha da Berlenga 90

€ | **Forte de São João Baptista** Einfache Unterkunft auf den vorgelagerten Inseln – für Abenteurer. ■ Ilha de Berlenga, 2520-211 Peniche, Tel. 262 40 25 46, www.ilhadaberlenga.com/alojamentos

Óbidos 91

€€ | **The Literary Man** Leger-elegantes Komforthotel – alles steht im Zeichen des Buches. ■ R. Dom João de Ornelas, 2510-074 Óbidos, Tel. 262 95 92 14, www.theliteraryman.pt

10 €€€ | **Rio do Prado** Öko-Hotel, in dem vieles wiederverwertet wird. ■ R. das Poças, 2510-191 Óbidos, Tel. 262 95 96 23, http://riodoprado.pt

Batalha 98

€ | **Casa do Outeiro** Modernes Hotel garni in Sichtweite des Klosters mit hellen Zimmern. ■ L. Carvalho do Outeiro 4, 2440-128 Batalha, Tel. 244 76 58 06, www.hotelcasadoouteiro.com

Coimbra 100

€ | **Vítoria** Direkt beim Bahnhof. Modern eingerichtetes, sauberes Zwei-Sterne-Haus, Zimmer mit Bad und Klimaanlage. ■ R. da Sota 9, 3000-392 Coimbra, Tel. 239 82 40 49, www.hotelvitoria.pt

€€€ | **Villa Pedra Natural Houses** Rekonstruierte Dorfhäuser, mit viel Liebe möbliert und eigenem Garten. ■ R. do Rechio e Seladas, 3130-092 Pombalinho Soure (16 km südlich von Coimbra), Tel. 910 73 11 94, www.villapedra.com

Serra da Lousã 104

€ | **Aldeia do Xisto da Cerdeira** Dorf im Gebirge, dessen Häuschen als Unterkünfte vermietet werden. ■ Cerdeira, 3200-509 Lousã, www.cerdeiravillage.com

Aveiro 105

€ | **Histórias Por Metro Quadrado** Winziges Boutiquehotel in der Altstadt mit tollem Restaurant. ■ Travessa do Rossio 1, 800-247 Aveiro, Tel. 234 42 02 89

€€ | **Montebelo Vista Alegre** Luxushotel, teils im modernen Annex, teils im alten Palast. ■ R. dos Alámos, 3830-292 Ílhavo, Tel. 234 24 16 30, https://montebelohotels.com

ADAC *Das besondere Hotel*

Casa das Penhas Douradas Luxushotel in einem ehemaligen Lungensanatorium mit ausgezeichnetem Restaurant und Spa mit Innen- und Außenpool.

€€€ | Penha Dourada, 6260-200 Manteigas, Tel. 275 98 10 45, www.casadaspenhasdouradas.pt

Porto und Norte – Wellen, Wein und Berge

Kulturlandschaft und Gärten im Westen sowie herbe Schönheit im Osten machen diese Region aus

In diesem Kapitel:

Jenseits von Lissabon ist keine Landschaft so dicht besiedelt wie die Region nördlich von Porto, der Minho mit der »Grünen Küste«, der Costa Verde, und ihrem Hinterland. Auf den Hügeln staffeln sich die Häuser und Villen, die Böden sind fruchtbar, das Klima ist mild. Dass sich hier die »Wiege Portugals« – die Stadt Guimarães – befindet, ist nur folgerichtig. Der Osten, Trás-os-Montes (»hinter den Bergen«), ist schroffer und unzugänglicher, will erforscht und erwandert werden. Der Flusslauf des Douro ist die Lebensader des Nordens: Seinen steilen Hängen trotzen die Bauern seit Jahrhunderten feinsten Wein ab. Auf Lastschiffen wird der Rebensaft in die Hafenstadt Porto gesegelt, wo ihn die Kellereien in Vila Nova de Gaia veredeln und als Portwein in die ganze Welt verschicken.

ADAC Top Tipps:

7 **Cais da Ribeira, Porto**
| Promenade |
Die Uferpromenade mit den bunten Häusern ist eines der am malerischsten bebauten Flussufer. 115

8 **Largo da Oliveira, Guimarães**
| Platz |
Im Herzen der Stadt trifft man sich rund um einen alten Olivenbaum in mittelalterlicher Kulisse. 129

ADAC Empfehlungen:

11 **Estação Porto São Bento, Porto**
| Historisches Gebäude |
Ein Bahnhof voller Azulejogemälde zur Geschichte Portugals. 116

12 Flor dos Congregados, Porto

| Restaurant |

Kleiner kann ein Lokal zwar nicht sein, aber besser wohl auch nicht: Hier speist man entspannt in charmanter Atmosphäre. 120

13 Feira de Barcelos, Barcelos

| Markt |

Hier gibt es alles! Wirklich alles? Alles! Der größte Wochenmarkt des Landes, vielleicht sogar Europas, findet seit dem 15. Jh. statt! 128

14 Xisco, Guimarães

| Restaurant |

Wer den Landesspezialitäten überdrüssig ist, wird z.B. bei Muscheln in Zitronensauce glücklich. 130

15 Parque Arqueológico do Vale do Côa, bei Vila Real

| Grabungsareal |

Eine Wanderung hinein in die Frühgeschichte der Menschheit. Die Felsgravierungen sind zu Recht UNESCO-Welterbe. 134

16 Na-Bé Lavender Lodge, Souto

| Hotel |

Glamping gefällig? Bei einer Übernachtung in einem der romantischen Canvas-Zelte mitten in Lavendelfeldern muss man nichts vermissen. Absolut ökofreundlich! 137

18 Porto

Die »zweite Hauptstadt« Portugals

Blick über die Douro-Bogenbrücke Dom Luís I auf die Altstadt von Porto

i Information

- Turismo do Porto, R. Clube dos Fenianos 25, 4000-407 Porto; Turismo do Porto Sé, Terreiro da Sé, 4050-573 Porto; iPoint Ribeira, Pr. da Ribeira, 4050-044 Porto, Tel. 300 50 19 20, www.visitporto.travel
- Parken: siehe S. 119

Bei den Touristen scheint Porto der großen Schwester im Süden fast den Rang abzulaufen, die Promenaden und Gassen der Stadt an der Douro-Mündung sind nicht weniger voll, das Sprachengewirr ist nicht weniger international. Die UNESCO-Welterbe-Stadt hat aber auch einiges zu bieten. Am Cais de Ribeira entfaltet sich die vergängliche Pracht der beeindruckendsten Häuserzeile Portugals, über ihr sticht der schlanke Turm der Clérigos-Kirche in den Himmel und die Mauern der romanischen Kathedrale leuchten sonnenvergoldet, in der Altstadt zeugt die Börse von Macht und Reichtum der Kaufmannschaft und der Bahnhof São Bento mit seinem Azulejoschmuck vom Kunstsinn der Bewohner. Auf die andere Seite führt einem horizontalen Eiffelturm gleich die Ponte Dom Luis I zum Gaia-Viertel mit Cais da Gaia und Seilbahn. Mit ihrem parallel zum Ufer gespannten Kabel erlaubt sie besten Überblick.

Plan S. 117

Sehenswert

1 Cais da Ribeira

| Promenade |

7 *Früher Armeleuteviertel, heute Hotspot fürs Ausgehen*

Die Abendsonne taucht die langen, auf den Hangterrassen hochgestaffelten Reihen der Fassaden zwischen Ponte Dom Luís I und Praça Ribeira in perfektes Licht. Im ältesten Viertel reiht sich Lokal an Lokal, die Promenade ist dicht bevölkert, Händler verkaufen Souvenirs, Musiker sammeln Geld. Ihr Aussehen erhielten die Kais Ende des 18. Jh., als Engländer den Weinhandel dominierten.

2 Igreja de São Francisco

| Kirche |

Vom ursprünglichen Bau (1245–1410) sind aus romanischer Zeit nur ein Rundbogenfenster und aus der gotischen die Rosette über dem Portal erhalten. Im Inneren umfängt den Besucher ein Exzess blattgoldbelegten Schnitzhandwerks. Angeblich wurden in der Basilika 300 kg Gold verarbeitet. Gegenüber, im Keller des Ordenshauses, befinden sich die Katakomben. Die 1795 begonnene Kirche zwischen den Gebäuden ist das erste Gotteshaus Portos in neoklassizistischem Stil.

■ R. Infante Dom Enrique, www.ordemsaofrancisco.pt, tgl. 9–18/20, Winter bis 17.30 Uhr, 4,50 €

3 Palácio da Bolsa

| Palast |

In Porto lag die weltliche Macht von jeher beim Handel. Bis zum 17. Jh. war es Adel und König sogar verboten, sich in der Stadt niederzulassen. Beim Bau der Börse ab 1841 ließen es die Kaufleute denn auch an nichts fehlen. Prächtigster Saal des neoklassizistischen Palastes ist der Salão Árabe mit ornamentalen Verzierungen. Der Komplex ist heute Kongresszentrum, im Parterre befindet sich ein luxuriöses Restaurant, am Jardim do Infante Dom Henrique davor kann man auf der Terrasse der Markthalle Mercado de Ferreira Borges im Café pausieren und auf das Denkmal für Heinrich den Seefahrer blicken.

■ R. de Ferreira Borges, Tel. 223 39 90 00, www.palaciodabolsa.com, tgl. 9–18.30, Winter 9–12.30, 14–17.30 Uhr, 8,50 €

ADAC *Wussten Sie schon?*

Heinrich der Seefahrer (1394–1460) verlieh den Bewohnern Portos den Namen »Tripeiros« (Kuttelesser). Für die Eroberung Ceutas 1415 benötigte seine Flotte Unmengen an Pökelfleisch, zurück blieben die leicht verderblichen Innereien. Die Portuenser allerdings sind stolz auf ihren Namen (und kochen köstliche Kuttelgerichte).

4 Museu da Misericórdia
| Museum |

An der betriebsamen Straße mit Läden und Lokalen zwischen der Estação São Bento und dem Jardim do Infante ist das Museum für sakrale Kunst in einem ehemaligen Hospital eine Ruheoase. Glanzstück der Sammlung ist das Gemälde »Fons Vitae« (um 1516) des Flamen Colijn de Coter. Die Hospitalkirche stammt aus dem 16. Jh., der Italiener Nicolau Nasoni hat sie im 17. Jh. im Rokoko-Stil umgebaut.

■ R. das Flores 15, Tel. 220 90 69 60, www.mmipo.pt, tgl. 10–17.30 Uhr, 5 €

Eine alte Trambahn rattert an der Torre dos Clérigos vorbei

5 Igreja e Torre dos Clérigos
| Kirche |

Die Kirche mit der doppelläufigen Treppenanlage, der eindrucksvollen Fassade und dem höchsten Kirchturm Portugals stammt ebenfalls von Nasoni. Das Innere des Gotteshauses ist reich dekoriert. Den Hauptaltar (1780) schuf Manuel Santos Porto. Das Museum macht mit der »Bruderschaft der armen Kleriker« bekannt. Die wegen der Enge der Wendeltreppe abenteuerliche Besteigung des 76 Meter hohen Turms lohnt wegen der Aussicht.

■ R. dos Clérigos, www.torredosclerigos.pt, Kirche und Turm tgl. 9–19 Uhr, Hochsommer zusätzlich 19–23 Uhr, Museum und Turm 4 €, abends 5 €

6 Praça da Liberdade
| Platz |

Herz der östlichen Innenstadt ist der ovale Freiheitsplatz, dessen Verlängerung entlang der Avenida dos Aliados am Nordende das monumentale Rathaus abschließt. Im Zentrum steht das Denkmal (1866) von Dom Pedro IV., dem aus Granit gebauten Rathaus entwächst ein 70 Meter hoher Turm.

7 Estação Porto São Bento
| Historisches Gebäude |

11 *Höchste Azulejokunst im öffentlichen Raum*

Die Eingangshalle des 1916 eröffneten Bahnhofs besuchen wegen der herrlichen Azulejogemälde mindestens so viele Schaulustige wie Reisende. Themen der aus 20 000 Fliesen zusammengestellten Bilder sind ländliche Szenen, das Transportwesen und bedeutende Ereignisse wie die von Portos Hafen ausgehende Eroberung Ceutas durch Heinrich den Seefahrer.

■ Pr. Almeida Garrett

8 Igreja dos Grilos

| Kirche |

Unterhalb der Sé wendet sich die Laurentiuskirche vom Douro weg nach Norden. Ihren volkstümlichen Namen verdankt sie den schwarzbraunen – ihrer Farbe nach grillenähnlichen – Kutten der Barfüßigen Augustiner. 1577 im Stil des Manierismus ursprünglich für die Jesuiten fertiggestellt, nimmt die Fassade mit Verblendungen des leeren Raums zwischen den Türmen bereits die Scheinarchitektur des Barock vorweg. Die Innenausstattung stammt aus dem 18. Jh.

■ Largo do Colégio, Di–Sa 10–13, 14.30–17 Uhr

9 Sé do Porto

| Kathedrale |

Die Kathedrale kann ihren romanischen Ursprung (1113) nicht verleugnen. Zwar hat Nicolau Nasoni mit barocken Vorbauten der Nordfassade die trutzige Wirkung etwas abgeschwächt, doch der Granit der Türme spricht für sich. Säulen im Inneren der Basilika bilden Arkaden, nur erhellt durch die romanische Rosette und Vierungskuppelfenster. Der Hauptaltar stammt von 1730. Ein Gitter im linken Seitenschiff an der Capela do Santíssimo Sacramento schützt einen Altar (1732) aus 800 kg Silber. An der Südseite schließt der mit Azulejos verzierte Kreuzgang (1385) an, seine Mitte ziert ein schönes Steinkreuz. Über eine Treppe gelangt man auf die Terrasse mit weiteren Azulejos.

■ Terreiro da Sé, Kirche 9–12.30, 14–19, Winter 9–12.30, 14.30–18, Kreuzgang 9–18.30, Winter 9–12.15, 14.30–17.30 Uhr, Kreuzgang 3 €

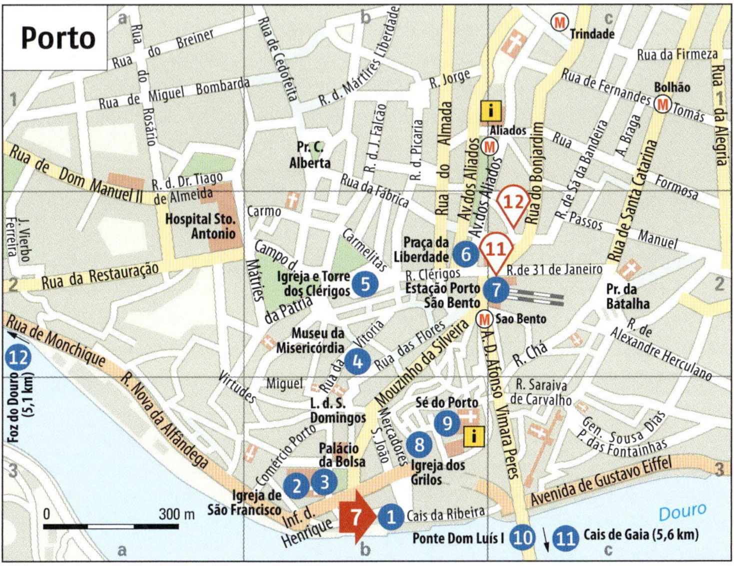

Die reich mit Azulejos geschmückte Halle der Estação Porto São Bento

10 Ponte Dom Luís I
| Brücke |

60 Meter hoch ist die elegante Bogenbrücke über den Douro, auf dem Niveau des Cais führt die Fahrbahn mit Gehweg über 174 Meter zum Cais da Gaia, in luftiger Höhe rattern Züge zum anderen Ufer. 3000 Tonnen Eisen ließ der belgische Ingenieur Théophile Seyrig ab 1881 verbauen, König Luís I. weihte die Brücke 1886 ein.

11 Cais da Gaia
| Promenade |

Am Kai sind die bunten Segelschiffe vertäut, die einst die Weingüter mit den Kellereien des Gaia-Stadtviertels verbanden. Diese staffeln sich den Hang hoch und bieten (fast) alle Weinproben an. An der Promenade reihen sich die Lokale aneinander. Die Drahtseilbahn verbindet den Kai mit dem Niveau der oberen Ponte Dom Luís I.

12 Foz do Douro
| Strand |

Die Mündung des Douro ist beidseitig mit Molen und Leuchtfeuern gefasst. Der südliche Strand – die Praia do Cabedelo do Douro – ist beliebter, der nördliche – Praia da Luz – dafür per Elétrico einfacher zu erreichen. Dort, im eher ruhigen Viertel Foz do Douro, gibt es mehrere sehr gute Restaurants und die Fortaleza de São João da Foz.

Verkehrsmittel

Die historischen **Elétricos** befahren drei Linien, Tickets verkauft der Fahrer. Linie 1 fährt am Douro-Ufer zu den Stränden an der Mündung (Foz), Linie 18 vom Douro-Ufer Richtung Clérigos-Kirche und Linie 22 von dort auf einem Rundkurs durch die Altstadt.

■ Einzelfahrt 3 €, 48 Std. 10 €, www.stcp.pt

Der **Elevador da Lada** verbindet den Cais da Ribeira in Höhe der Ponte Dom Luís I mit der Oberstadt (kostenlos). Der Aufzug im Parkhaus Luíz I führt in die 6. Etage unterhalb der Seilbahnstation. Ein Wassertaxi verbindet die beiden Ufer in Höhe der Praça da Ribeira miteinander (10–20 Uhr, Einzelfahrt 3 €). Vom Cais da Ribeira führt ein separater Radweg bis zur Mündung (Foz).

■ Vieguini Rent-a-bike, R. Nova da Alfândega 7, www.vieguini.pt

Flussfahrten (»Cruzeiro das Pontes no Douro«) dauern ca. 50 Min. und starten auf beiden Seiten des Douro (stündl. 10–18, Winter 11–15 Uhr, 15 €). Mai/Juni und Sept./Okt. sind die besten Zeiten für eine Kreuzfahrt auf dem Douro; im Angebot von Cruzeiros Douro sind ein- und mehrtägige Fahrten, auf großer Fahrt gelangt man bis an die spanische Grenze.

■ www.cruzeiros-douro.pt

P Parken

In Porto mangelt es allerorten an Parkplätzen. **Parque Luíz I** am Beginn des Cais da Gaia unterhalb der Ponte Dom Luís I. ■ R. General Torres, www.empark.com, ab 1,60 €/Std., max. 15 €/Tag (auslastungsabhängig), Plan S. 117 c3

Städtische Freifläche **Parque Alfândega** westlich der Igreja de São Francisco. ■ R. Nova da Alfândega, ab 1 €/Std., max. 20 €/Tag, Plan S. 117 a3

Restaurants

€ | **Casa Dias** Einfaches Lokal mit großen Portionen zu fairen Preisen, unaufgeregtes Ambiente. ■ Av. Ramos Pinto 242, Gaia, Tel. 223 75 04 67, http://casadias.webnode.pt, Di–So 12–16, 19–22 Uhr, Plan S. 117 südl. b3

Im Blickpunkt

Portwein

Wenn die Trauben nicht aus dem oberen Douro-Tal stammen, ist es kein Portwein! Wer zu den Wurzeln will, muss nach Porto und per Schiff ins Landesinnere zu den steilen Weinhängen. Nach der Lese werden die Trauben auf den Gütern ganz normal gepresst und gären. Allerdings stoppen die Kellermeister diesen Vorgang durch Zufügung reinen Alkohols (»Aufspritzen«), damit sich nicht der gesamte Zucker in Alkohol wandelt. Der Wein bleibt also, je nach Zeitpunkt der Beimengung, mehr oder weniger süß, und der Alkoholgehalt wird erhöht (19–22 %), was ihn für lange Zeiträume lagerfähig macht. Anschließend gelangen die Fässer in die Kellereien in Vila Nova de Gaia an den Hängen gegenüber Porto, wo der Port mindestens zwei Jahre reift.

Schwelgen im klassischen Jugendstil im Majestic Café aus der Belle Époque

€€ | **Casa do Pasto da Palmeira** Tapas-Bar und Restaurant mit kleiner, kreativer Karte auf dem Weg zu den Stränden. ■ Jardim Passeio Alegre 450, Tel. 226 16 82 44, tgl. 12–24 Uhr, Plan S. 117 westl. a3

12 €€ | **Flor dos Congregados** Winziges, charmantes Slow-Food-Lokal mit deftigen Gerichten – unbedingt vorab reservieren. ■ Travessa dos Congregados 11, Tel. 222 00 28 22, www.flordoscongregados.pt, Mo–Sa 19– 22/23, Do–Sa auch 12–15 Uhr, Plan S. 117 c2

ADAC *Spartipp*

Wer die gehobenen Restaurantpreise am Cais da Ribeira umgehen will, spaziert über die Brücke nach **Vila Nova de Gaia** und besucht eines der Lokale in den Gassen abseits der Promenade.

€€ | **Postigo do Carvão** Traditionslokal mit Spezialitäten aus Porto. Bei Einheimischen beliebt. ■ R. da Fonte Taurina 24, Tel. 222 00 45 39, www.postigodocarvao.com, tgl. 12–16, 19–2 Uhr, Plan S. 117 b3

Cafés

Casa Portuguesa Hier gibt es die Spezialität Portos: »Pastel de bacalhau« – Stockfisch mit Käse im Kartoffelmantel. ■ Campo Mártires da Pátria 108, Tel. 916 48 68 29, http://pasteisdebacalhau.com, tgl. 10–20 Uhr, Plan S. 117 b2

Majestic Café Café-Restaurant im Jugendstil. ■ R. Santa Catarina 112, Tel. 222 00 38 87, www.cafemajestic.com, Mo–Sa 9.30–23.30 Uhr, Plan S. 117 c2

Eisdielen

La Copa Sehr gutes Eis aus frischen Früchten. ■ Av. de Rodrigues de Freitas 366, Tel. 222 03 25 01, www.lacopa.pt, Di–So 12–24 Uhr, Plan S. 117 c2

Erlebnisse

Caves Ferreira Kellerei mit Katakomben voller Fässer und Flaschen. Verkostung. ■ Av. Diogo Leite 70, Tel. 223 74 61 06, www.sograpevinhos.com, tgl. 10–12.30, 14–18 Uhr, 10–20 €, Plan S. 117 südl. b3

Kneipen, Bars und Clubs

Espaço Porto Cruz Rooftop-Bar. Unbedingt probieren: Portwein-Cocktails. ■ L. Miguel Bombarda 23, Vila Nova da Gaia, Tel. 220 92 53 40, Di–Sa 10–23.30, So 10–19 Uhr, Plan S. 117 nördl. b1

Esplanada do Teleférico Bar an der östlichen Seilbahnstation mit tollem Blick. ■ R. Rocha Leão, www.esplanada.pt, tgl. 10–21 Uhr, Plan S. 117 südl. c3

Ribeira 50 Oberhalb der Cais-da-Ribeira-Hektik sitzt es sich schön, die Drinks sind gut. ■ R. Canastreiros 50, Tel. 223 40 12 10, tgl. 13–23.30 Uhr, Plan S. 117 b3

Einkaufen

Livraria Lello Die »schönste Buchhandlung der Welt« verkauft auch englische Literatur. ■ R. das Carmelitas 144, Tel. 222 00 20 37, www.livrarialello.pt, Plan S. 117 b2

Mercado do Bolhão Die größte Markthalle Portos ist nur teilweise zugänglich, bis 2020 wird sie rekonstruiert. ■ R. de Fernandes Tomás, Plan S. 117 c1

Kinder

World of Discoveries Interaktives Museum und Themenpark zu den portugiesischen Entdeckungsfahrten – für Kinder ein absolutes Highlight. ■ R. de Miragaia 106, Tel. 220 43 97 70, www.worldofdiscoveries.com, Mo–Sa 10–18, So 10–19 Uhr, 14 €, Kinder 8 €, Plan S. 117 westl. a2

In der Umgebung

Castelo Santa Maria da Feira

| Burg |

Die Burganlage (11. Jh.) steht auf römischen und maurischen Fundamenten. Dom Afonso V. befahl im 15. Jh. den Umbau im Stil der Gotik. Die Mauern, Höfe und Wehrgänge schützen den palastartigen, mit vier weiteren Türmen gesicherten Torre de Menagem.

■ Alameda Dr. A. Roberto Vaz de Oliveira, 4520-141 Santa Maria da Feira, www.castelodafeira.com, Di–Fr 9.30–12.30, 13–18, Sa, So 9.30–18.30, Winter bis 17 Uhr, 3 €

Vila do Conde

| Seebad |

Der Ort mit seinem sieben Kilometer langen Aquädukt liegt an der Mündung des Ave und ist als Sommerfrische beliebt. Schöne Badestellen sind die Dünenstrände Praia Azurara und Praia Mindelo. Der über die Stadt wachende Bau des Mosteiro de Santa Clara stammt aus dem 18. Jh., als der

Treppenaufgang der Livraria Lello, einer der schönsten Buchläden Europas

Die Praça da República in Viana do Castelo mit Casa das Varandas und Brunnen

gotische Konvent umgebaut wurde. Aus dem 14. Jh. erhalten geblieben ist die Klosterkirche.

19 Viana do Castelo

Strände und eine sehenswerte Altstadt – baden und Barock

Information

■ Welcome Center, Pr. da Liberdade, 4900 Viana do Castelo, Tel. 258 09 84 15, www.vivexperiencia.pt

Eine Altstadt voller Renaissance und Barock und in der Umgebung lange Sandstrände – die Stadt an der Mündung des Lima ist einen Besuch wert. Zentrale Achse ist die Avenida dos Combatantes da Grande Guerra, östlich davon liegt die Altstadt mit der Praça da República.

Sehenswert

Praça da República
| Platz |
Blickfang an einem der schönsten Plätze Portugals ist das zweigeschossige Rathaus Paço do Conselho mit Arkadenbogen an der Nordseite des langen Platzes. Die Casa das Varandas (1589) beherbergte einst das Hospital der mit Azulejos verzierten Igreja da Misericórdia. Der Brunnen (1559) davor war jahrhundertelang die einzige Trinkwasserversorgung.

Museu do Traje
| Museum |
Das Museum widmet sich der Trachtengeschichte der Region mit Arbeitskleidung und reich bestickten Kostümen für festliche Anlässe.

■ Pr. da República, Tel. 258 80 93 06, Di–So 10–13, 15–18 Uhr, 2 €

Sé de Viana

| Kathedrale |

Nordöstlich des Hauptplatzes besitzt die Kathedrale (15. Jh.) ein schönes gotisches Stufenportal mit sechs Aposteln, das zwei Türme flankieren. In der Capela dos Mareantes, der Rokoko-Kapelle der Seefahrer, steht ein detailliertes Galeonen-Modell, ein Votiv aus dem 17. Jh. Das verwitterte Taufbecken entstand um 1500.

■ L. Instituto Histórico do Minho 9, 9–12, 14–18 Uhr

Navio Museu Gil Eannes

| Museum |

Die auf einer Viana-Werft vom Stapel gelaufene »Gil Eannes« war 1955–73 Flaggschiff und Hospital der Fischfangflotte vor Neufundland und Grönland; sie ist original erhalten.

■ Doca Comercial, Tel. 258 80 97 10, www.fundacaogileannes.pt, 9.30–19, Winter bis 18 Uhr, 4 €

Monte de Santa Luzia

| Kirche und Grabungsareal |

Vier Kilometer nordöstlich der Stadt bietet die 1904–59 errichtete Wallfahrtskirche Santuário do Sagrado Coração de Jesus de Santa Luzia von ihrer Aussichtsplattform einen herrlichen Blick. 600 Meter hinter der Kirche wurden die Fundamente des antiken Viana freigelegt: Citânia de Santa Luzia.

■ Monte de Santa Luzia, Kirche 8–19, Winter bis 17 Uhr, Ausgrabung Di–So 10–13, 14–18 Uhr, 2 €

Verkehrsmittel

Der **Funicular Santa Luzia** fährt von der Stadt zu Monte de Santa Luzia (3 € hin und zurück). Die Bahn verbindet Viana do Castelo 6–9 Mal/Tag mit Caminha an der spanischen Grenze, Regionalzüge halten an allen Strandorten, IR nur in Vila Praia de Âncora.

■ www.cp.pt

Parken

Tiefgarage **Parque Avenida** nahe der Altstadt (Pr. da Liberdade, 0,90 €/Std.)

Restaurants

€ | **O Tabernão** Kleine und große Gerichte in urig-rustikalem Gastraum.

■ L. Infante Dom Henrique 42, Tel. 258 83 24 63, Di–So 12–15, 19–23 Uhr

Im Blickpunkt

Stockfisch und Sardinen

Ohne getrockneten Kabeljau und frische Sardinen können Portugiesen sich ein Leben nicht vorstellen. Für Stockfisch – »bacalhau« – existieren angeblich über 200 Rezepte, und die Kochvorbereitung (das stundenlange Wässern) ist nicht jedermanns Sache. Fertig auf dem Tisch als Pastete oder Eintopf, gebraten, eingelegt oder gebacken schmeckt er allerdings köstlich. Früher ein Armeleuteessen, kommt er inzwischen auch in feinen Restaurants auf den Tisch. Anders die Sardinen: Bei ihnen steht nicht Kulinarik im Vordergrund, sondern das Ereignis an sich. Sie müssen, mit Salz und Olivenöl eingerieben, vom offenen Feuer kommen und in großem Kreis mit einer Hand samt Kopf und Gräten verspeist werden, während die andere mit dem Weinglas nachspült.

Nebel umzieht das Dorf Pitões das Júnias im Parque Nacional da Peneda-Gerês

€€ | Covas Sympathisches Familienlokal mit sehr guten Muschel- und Fischgerichten; Platz lassen für die hausgemachten Desserts. ■ R. Prior do Crato 41, Tel. 258 82 83 76, So–Fr 12–22 Uhr

€€ | Fortaleza Direkt an der Strandpromenade serviert das aufmerksame Personal mit die beste Fischplatte an der ganzen Nordküste. ■ Av. Dr. Ramos Pereira 81, Vila Praia de Âncora, Tel. 258 91 52 76, http://restaurantefortaleza.vivercaminha.com, tgl. 12.30–15.30, 19–22.30 Uhr, im Winter eingeschränkt

Cafés

Confeitaria Natário Berühmt für seine »bolas de Berlim« (Fettgebackenes), das zweimal am Tag frisch an die Theke kommt. ■ R. M. Espregueira 37, Tel. 258 82 23 76, http://pastelariaconfeitaria manuel natario.pt, Mi–Mo 9–21 Uhr

In der Umgebung

Vila Praia de Âncora

| Seebad |

Moderner Ort nördlich von Viana, den besonders Familien wegen seines weiten Strandes und des flachen Wassers bevorzugen (obwohl häufig eine recht steife Brise weht). An der Strandpromenade gibt es gute Restaurants.

Caminha

| Seebad |

Der Ort an der Mündung des Rio Minho ist ein beliebtes Ferienziel abseits des ganz großen Rummels und besitzt einen hübschen Stadtplatz. Historisch war Caminha als Grenzbefestigung zu Galizien bedeutend. Auch die 1556 geweihte Renaissance-Basilika aus Granit zeigt sich mit Zinnen und Schießschartenfenstern wehrhaft. Die Portale

sind mit manuelinischem Dekor geschmückt, im Inneren achte man auf die Fliesen im Hauptschiff und die Holzdecke mit maurischen Einflüssen. An der Praia de Moledo wird beste Wasserqualität ausgewiesen.

Ponte de Lima

| Brücke |
Immer wieder begegnet man in den Straßen und Gassen der freundlichen Kleinstadt Pilgern, die sich auf dem Jakobsweg nach Santiago de Compostela an der Promenade versorgen und dann auf der Brücke den Rio Lima queren. Die Römer hatten erstmals einen Übergang gebaut, der aber im 1. Jt. verfiel. Die heutige Form erhielt er im 15./16. Jh. Insgesamt existieren 27 Steinbogen (die westlichen sieben sind römisch), von denen aber nicht mehr alle oberirdisch sind.

20 Parque Nacional da Peneda-Gerês

Natur pur und Kultur in Portugals einzigem Nationalpark

i Information

■ Porta do Lindoso, Lugar do Castelo, Lindoso, 4980-451 Ponte da Barca, Tel. 258 57 81 41, www.icnf.pt

Die beiden, ein Hufeisen bildenden Gebirgszüge Peneda und Gerês erheben sich an der spanischen Grenze bis auf 1500 Meter. Der einzige Nationalpark Portugals beeindruckt mit grandioser Landschaft, in den Dörfern scheint die Zeit stehen geblieben zu sein. Flora und Fauna sind außergewöhnlich artenreich. Der Westen und Norden des Parks ist wilder, im Süden und Osten ist die Infrastruktur ausgebaut. Römerstraßen, Burgen und Kirchen, Dolmengräber und Menhire – die Artefakte der Vergangenheit sind mannigfaltig. Von Lindoso nach Westen und in Entre Ambos-os-Rios nach Südosten gelangt man über aussichtsreiche Sträßlein in die Bergorte Germil und Brufe auf der Serra Amarela.

Sehenswert

Espigueiros de Lindoso

| Historische Gebäude |
Die typischen Getreidespeicher sind aus Granit gehauen, mit Lüftungsschlitzen und Scheiben an den Stelzen, die Nagetiere abhalten. Gebaut hat man sie ab dem 18. Jh., als der Mais traditionelle Getreidesorten ersetzte. Die Gehäuse sind in der ganzen Region zu finden, in Lindoso bilden sie unterhalb der Burg eine Gruppe.

São Bento da Porta Aberta

| Heiligtum |

Der Komplex ist ein schönes Beispiel für ein modernes Heiligtum. Ende des 19. Jh. wurde die Kirche errichtet, 2002 das Sanktuarium um die moderne Krypta erweitert.

■ Terras de Bouro, 4845-024 Rio Caldo, https://sbento.pt, tgl. 8–19 Uhr

Restaurants

€ | **Do Rita** Gute lokale Küche in großen Portionen. ■ R. 2 No. 66, L. do Assento Rio Caldo, 4845-020 Rio Caldo, Tel. 253 39 11 64, tgl. 12–15, 19.30–21.30 Uhr

€€ | **O Abocanhado** Gutes Essen in der Bergeinsamkeit. ■ L. de Brufe, 4840-020 Brufe, Tel. 253 35 29 44, www.abocanhado.com, tgl. 12.30–15.30, 19.30–21.30 Uhr

Erlebnisse

Tagestouren mit Allradfahrzeugen und geführte Wanderungen in kleinen Gruppen. ■ Gerês National Park Tours, L. de Pereiró 105, 4845-076 Gerês, Tel. 964 87 26 56, www.nationalparktours.pt

Im Blickpunkt

Der Weg ist das Ziel

Caminho Português heißt der portugiesische Jakobsweg von Porto nach Santiago de Compostela in Galizien. Auf dem Caminho do Tejo gelangt man von Lissabon nach Fátima (150 km). Der Caminho Poente verbindet den Küstenort Nazaré (55 km), der Caminho Nascente die Tempelritterburg Tomar mit Fátima (30 km), der Caminho do Norte führt von Fátima nach Porto (235 km).

Moderate **Sieben-Tages-Wanderung** durch die Bergwelt, das Gepäck tragen Esel, Unterkunft in einfachen Häusern. ■ Descubra Minho, 4925-481 Montaria, Tel. 969 22 07 04, www.descubraminho.pt

21 Braga

Stadt des Barock, der Kirchen und Denkmäler sowie der Kunst

Information

■ Posto de Turismo, Av. da Liberdade 1, 4710-249 Braga, Tel. 253 26 25 50, www.cm-braga.pt

Als Bracara Augusta 16 v. Chr. gegründet, war das heutige Braga Hauptstadt des römischen Galizien. Braga gilt damit als älteste Stadt Portugals. Gleichwohl wirkt sie voller Leben in den verkehrsberuhigten Straßen und mit ausgeprägter kultureller Aktivität. Die Kathedrale ist eine der schönsten im Land, das angeschlossene Museum verdient höchste Aufmerksamkeit.

Sehenswert

Sé de Braga

| Kathedrale |

Nach der Reconquista legte Bischof Dom Pedro im 11. Jh. den Grundstein der neuen Kirche. In den Folgejahrhunderten hinterließen die einzelnen Kunstrichtungen ihre Spuren – ohne die romanische Substanz zu sehr zu bedrängen. So hat sich die Gotik mit einem Portikus an der Fassade verewigt, manuelinische Stilmittel finden sich an der Ostfassade. Bedeutendste Grabmäler sind in der Capela dos Reis die Sarkophage des Herzogs von Burgund und seiner Frau (1513), in der Ca-

Über eine barocke Treppe gelangt man zum Santuário Bom Jesus do Monte

pela da Glória der Sarkophag für Erzbischof Pereira (14. Jh.). Im Museum achte man auf die Stillende Madonna (Anf. 16. Jh.), eine Dreifaltigkeitsfigur aus Kalkstein (14. Jh.), ein Kruzifix (14. Jh.) und einen Sarkophag aus dem 5. Jh.

■ R. Dom Paio Mendes, http://se-braga.pt, 9.30–12.30, 14.30–18.30 Uhr, Kirche 2 €, Kirche, Kapellen, Museen 5 €

Praça Municipal

| Platz |

An der Ostseite des Platzes verbirgt sich hinter der barocken Fassade des Paço Arquiepiscopal eine bedeutende Bibliothek mit 120 000 Bänden und 10 000 Handschriften. An der Rückseite sind die Ursprünge des Bischofssitzes erhalten, ein kleiner Park schließt sich an. Gegenüber steht das barocke Rathaus, der Pelikanbrunnen in der Platzmitte stammt aus dem 18. Jh.

Santuário Bom Jesus do Monte

| Heiligtum |

Am Stadtrand führt eine prachtvolle barocke Freitreppenanlage als Kreuzweg mit 600 Stufen, 14 Kapellen und fünf Brunnen hoch zur klassizistischen Basilika (1834). Oder man nimmt den Elevador do Bom Jesus – die älteste wasserballastgetriebene Standseilbahn der Welt. Die Tanks der oberen Kabine füllen sich mit Wasser, bis sie abwärts fährt und die untere nach oben zieht.

■ Estr. do Bom Jesus, 4715-261 Tenões, http://bomjesus.pt, tgl. 8–19, Eintritt frei; Aufzug tgl. 8–20 Uhr (Winter bis 19 Uhr), einfache Fahrt 1,20 €, hin und zurück 2 €

P Parken

Garage unter dem **Jardim da Avenida Central** (3 €/2 Std., max. 24,10 €/Tag).

Ein älterer Herr prüft die Waren auf dem Wochenmarkt Feira de Barcelos

Restaurants

€ | **Dona Petisca** Hier gibt es »petiscos« und sehr gute »bifanas« – ideal, um sich durch die portugiesischen Vorspeisen zu arbeiten. ■ R. Dom Paio Mendes 32, Tel. 253 05 24 80, http://donapetisca.pt, Mi–Sa 18–23 Uhr

€ | **Santo André** Einfaches Lokal mit Hausmannskost – Fisch, Fleisch und Eintopfgerichte. ■ R. Santo Andre 81, Tel. 253 26 19 62, Mo–Sa 11–23 Uhr

Cafés

Café a Brasileira Traditionshaus, perfekt für einen Kaffee, auch kleine Mahlzeiten. ■ L. do Barão de São Martinho 17, Tel. 253 26 21 04, tgl. 7.30–1 Uhr

Eisdielen

Ô Sorbet d'Amour Eis und Sorbets von Kaktus bis Keks, von Pistazie bis Praliné – die perfekte Sünde. ■ R. Francisco Sanches, Mi–Mo 14–22 Uhr

In der Umgebung

Feira de Barcelos

| Markt |

13 *Größter und einer der ältesten Wochenmärkte Portugals*

Barcelos liegt 20 Kilometer westlich von Braga und ist eigentlich ein geruhsames Städtchen – außer am Donnerstag, dann bauen Händler auf dem Stadtplatz ihre Stände auf. Obst und Gemüse, Brot, Schnaps, Tiere, Fleisch, Kleider und Haushaltswaren – es gibt nichts, was es nicht gibt. Mitbringsel: »Galo de Barcelos«, ein bunter Hahn aus Holz oder Keramik, in allen Größen.

■ C. da República 59, 4750-333 Barcelos, www.feiradebarcelos.com, Do 8–17 Uhr

Citânia de Briteiros

| Grabungsareal |

15 Kilometer östlich von Braga erstreckt sich das Grabungsfeld einer Wohnstätte der keltiberischen Castro-Kultur (8 Jh. v. Chr.). Die Siedlung bestand aus etwa 160 Steinhäuschen, die von drei Wehrmauerringen umgeben waren. Durch den Korkeichenwald steigt man vom Eingangstor hoch zu zwei rekonstruierten Bauten. Im Museu da Cultura Castreja sind Funde ausgestellt, darunter die mit Gravierungen versehene Granittafel »Pedra Formosa«.

■ Estr. Nacional 153, km 55, 4805-181 Guimarães, www.csarmento.uminho.pt, Grabung 9–18 Uhr, 3 €, Museum 9.30–12.30, 14–18, Winter bis 17 Uhr, 3 €

22 Guimarães

Die Altstadt der »Wiege Portugals« ist UNESCO-Weltkulturerbe

Information

■ L. Cónego José Maria Gomes, 4800-419 Guimarães, Tel. 253 42 12 21, www.guimaraesturismo.com

Guimarães ist tief in den Anfängen der Landesgeschichte verwurzelt. Es war ab 1096 Hauptstadt der Grafschaft Portucalo, Geburtsort von Dom Afonso I. (1109) und von 1139 bis 1143 Hauptstadt des Königreichs. Der mittelalterliche Stadtkern erstreckt sich rund um den Largo da Oliveira. Die älteste Straße der Stadt, die Rua Santa Maria, verbindet den Santa-Clara-Konvent mit dem Palast der Herzöge von Bragança und der Burg auf der Colina Sagrada.

Sehenswert

Largo da Oliveira

| Platz |

8 *Entspanntes Stadtleben vor mittelalterlicher Kulisse*

Der Platz bildet mit der Praça de São Tiago das Zentrum des Stadtlebens. Schmale mittelalterliche Häuser umstehen ihn, die die Kirche überragt. Davor behütet ein von vier Säulen getragener Baldachin das zum Sieg der Schlacht am Salado 1340 aufgestellte Steinkreuz – den Padrão do Salado.

Igreja de Nossa Senhora da Oliveira

| Kirche |

Hier mischen sich diverse Baustile. Der 1515 angefügte manuelinische Turm der romanischen Klosterbasilika dominiert die Fassade. Besonders wertvoll ist der Silberaltar (17. Jh.) in der rechten Chorkapelle Santíssimo Sacramento.

■ L. da Oliveira, Mo–Sa 8.30–12, 15.30–19.30, So 9–13, 17–20 Uhr, Eintritt frei

Museu de Alberto Sampaio

| Museum |

Im Museum im Santa-Clara-Konvent besticht der romanische Kreuzgang mit wunderbar erhaltenen Kapitellen. In seiner Mitte wächst ein knorriger Olivenbaum. In der Ausstellung ist sakrale Kunst versammelt.

■ R. Alfredo Guimarães 39, Tel. 253 42 39 10, Di–So 10–18 Uhr, 3 € (mit Palast und Burg 10 €)

Paço dos Duques de Bragança

| Palast |

Dom Afonso, Herzog von Bragança, ließ sich um 1420 den prächtigen Palast im Stil normannisch-burgundischer Architektur errichten. Der Bau aus Grantiquadern war bis zum 16. Jh. Sitz der Herzöge, dann verfiel er. Dass man zu beeindrucken wusste, bezeugen der Innenhof mit Arkadenumlauf und die riesigen Säle; dass der Komfort auch nicht zu kurz kam, die vielen Schornsteine. 1937 begann die Rekonstruktion als Präsidialresidenz. Die Ein-

ADAC ***Mittendrin***

Zur **Noite Branca**, der Weißen Nacht, Anfang Juli scheint sich jeder Bewohner von Guimarães in Weiß zu kleiden und durch die Stadt zu ziehen. Alle Gassen, Straße und Plätze sind voller Tische, die Lokale oder fliegende Stände bewirtschaften. Das Fest ist für die Einheimischen die wichtigste Nacht des Jahres.

Der Largo da Oliveira in Guimarães mit dem Denkmal Padrão do Salado

richtung mit Wandgobelins, Geschirr und Möbeln aus dem 17. und 18. Jh. lässt Ritterherrlichkeit auferstehen.

■ R. Conde D. Henrique, Tel. 253 41 22 73, http://pduques.culturanorte.pt, tgl. 10–18 Uhr, 5 € (mit Museum und Burg 10 €)

Castelo de Guimarães

| Burg |

Zwischen Palast und Burg steht die kleine Igreja de São Miguel. Eine Burg wurde erstmals im 10. Jh. als Schutz des Klosters erwähnt, die heutigen Mauern umschließen einen Hof.

■ Caminho do Castelo, http://pduques.culturanorte.pt, tgl. 10–18 Uhr, 2 € (mit Palast und Museum 10 €)

P Parken

Garage **Parque Público Condessa Mumadona** (2 Std. 0,90 €, max. 4 €/Tag); kostenfrei am Campo de S. Mamede.

Restaurants

€€ | **Histórico by Papaboa** Lokale Küche auf hohem Niveau. ■ R. de Valdonas 4, Tel. 253 41 21 07, www.papaboa.pt, tgl. 12–15,19–23 Uhr

14 €€ | **Xisco** Traditionelle Küche der Minho-Region, innovativ interpretiert. ■ L. dos Laranjais 25, Tel. 253 41 90 20, www.xisko.pt, Di–Sa 12–15, 19–22.30, So 12–15 Uhr

Cafés

Confeitaria Clarinha Das vielleicht beste Gebäck Portugals. ■ L. do Toural 86, Tel. 252 51 65 13, Di–So 7.30–24 Uhr

Kneipen, Bars und Clubs

Cervejaria Martins Café-Bar und »Bierhalle« ■ L. do Toural 35, Tel. 253 41 63 30, Mo–Sa 10–24 Uhr

In der Umgebung

Museu Internacional de Escultura Contemporânea

| Museum |

Das Museum für Skulpturenkunst stellt die Werke von Künstlern aller Kontinente in die Parks und auf die Plätze der Kleinstadt. Weitere Plastiken befinden sich im Museum zusammen mit einer archäologischen Sammlung.

■ R. Unisco Godiniz 100, 4780-366 Santo Tirso, Tel. 252 83 04 10, http://miec.cm-stirso.pt, Di–Fr 9–17.30, Sa, So 14–19 Uhr

23 Amarante

Malerische Altstadt mit Brücke aus der Römerzeit und Kloster

Information

■ Loja Interativa de Turismo, L. Conselheiro A. Cândido, 4600-552 Amarante, Tel. 255 42 02 46, www.cm-amarante.pt

Die schönste Ansicht mit Fluss, Kai, Römerbrücke, Kirche und Palästen hat man vom westlichen Ufer des Tâmega. Die Brücke stürzte übrigens 1763 ein und wurde neu errichtet. 1809 verteidigten sie portugiesische Truppen zwei Wochen lang gegen eine napoleonische Übermacht. Berühmt ist Amarante auch für eine Leckerei: das Zuckerwerk »Quilhöezinhos de São Gonçalo« – es soll die Liebe beflügeln.

Sehenswert

Convento de São Gonçalo

| Kloster |

Der 1540 gegründete Konvent erhielt eine Überformung im Stil der Renaissance. Außen an der Ostseite ist die Senhora da Ponte eingefügt (die ursprünglich auf der Brücke wachte). Das Museu Amadeo de Souza-Cardoso in einem Kreuzgang widmet sich portugiesischen Malern des 20. und 21. Jh. mit Schwerpunkt auf Werken des bei Amarante geborenen Amadeo de Souza-Cardoso (1887–1918).

■ Alameda Teixeira de Pascoaes, Kirche 8–18 Uhr, Eintritt frei, Museum 10–12.30, 14–18, Winter 9.30–12.30, 14–17.30 Uhr, 1 €

Restaurants

€ | Taberna Don Rodrigo Winzige Taverne mit köstlichen Platten. ■ R. 31 de Janeiro 39, Tel. 919 31 80 42, tgl. 9–24 Uhr

Cafés

Café Bar São Gonçalo Kaffee, Kuchen oder ein Mittagessen mit Blick auf den Kirchplatz. ■ L. de São Gonçalo, 255 43 27 07, tgl. 7–2 Uhr

Den Convento de São Gonçalo in Amarante erreicht man über eine Brücke

Barock-Garten des Solar de Mateus

24 Vila Real

Die »Königliche Stadt« lohnt wegen der Ziele in der Umgebung

Information

■ Loja Interativa de Turismo, Av. Carvalho Araújo 94, 5000-657 Vila Real, Tel. 259 30 81 70, www.portoenorte.pt

Am schönsten präsentiert sich Vila Real rund um die Avenida Carvalho Araújo, an der im 17. Jh. einige Adelsfamilien ihre Sitze errichteten.

Sehenswert

Igreja de São Domingos

| Kirche |

Die Basilika ließen die Dominikaner in romanisch-gotischem Stil erbauen. Mitte des 18. Jh. kam der barocke Glockenturm hinzu. 1837 zerstörte ein Feuer große Teile der Inneneinrichtung. Der heutige Hauptaltar stammt aus einem Kloster bei Lissabon.

■ Av. Carvalho Araújo 89, tgl. 9–17.30 Uhr

Casa de Diogo Cão

| Historisches Gebäude |

In dem dreistöckigen Renaissance-Haus soll Diogo Cão geboren worden sein. Der Seefahrer entdeckte in den 1480ern den Kongo und segelte entlang der Küste des heutigen Namibia.

■ Av. Carvalho Araújo 17, nicht zu besichtigen

Verkehrsmittel

Eisenbahnfahrt durch das Douro-Tal von Peso da Régua nach Pinhão. ■ Ca. 6 Mal/Tag, einfach 2,80 €, www.cp.pt

Zwischen Peso da Régua und Pinhão kann man auch **kombiniert mit Schiff und Bus** reisen. ■ 4 Std., 30/35 €, www.cruzeiros-douro.pt

Der Dampfzug **Comboio Histórico do Douro** fährt mehrmals wöchentlich den Douro entlang von Peso da Réga nach Tua. ■ Sa, So, Mi nachmittags, hin und zurück 3 Std., 42,50 €, Kinder 19 €

Restaurants

€€€ | **Cais da Villa** Elegantes Feinschmeckerlokal. ■ R. M. Jeronimo do Amaral, Tel. 259 35 12 09, www.caisdavilla.com, Mo–Sa 12–15, 19.30–24, So 12–15 Uhr

In der Umgebung

Santuário de Panóias

| Grabungsareal |

Kultstätte, an der u.a. dem Gott Serapis mit Brandopfern gehuldigt wurde. Die ägyptisch-hellenistische Gottheit haben noch zu Zeiten des Christentums einige römische Kaiser als religiösen Gegenentwurf unterstützt.

■ Vale de Nogueiras, 9–12.30, 14–17 Uhr, 2 €

Solar de Mateus

| Palast |

Der Palast ist wohl einer der bekanntesten der Welt, schmückt sein Bild doch das Etikett des gleichnamigen Rosé-Weins. Die Barock-Anlage war Landsitz der Herren von Mateus, entworfen wohl von Nicolau Nasoni. Das noch original eingerichtete Innere ist ebenso wie die Kapelle geführt zu besichtigen. Der Rebensaft hat mit der Familie übrigens nichts zu tun.

■ Casa de Mateus, www.casademateus.com, Tel. 259 32 31 21, 9–19, Winter bis 17 Uhr, Führung und Park 12 €, nur Park 8,50 €, Parken 8,50 €

Santuário de Nossa Senhora dos Remédios

| Kirche |

Die Rokoko-Wallfahrtskirche wacht prominent auf einem Hügel über Lamego. 686 Stufen führen von dem Städtchen auf einer prächtig mit Azulejos ausgestatteten Treppenanlage hinauf zur Kirche. Der vorletzte Abschnitt endet am Pátio dos Reis mit einem Obelisken und Skulpturen von 18 biblischen Königen und Patriarchen.

■ Monte de Santo Estevão, 5100-081 Lamego, tgl. 7.30–20, Winter bis 18 Uhr, Eintritt frei

Capela de São Pedro de Balsemão

| Kirche |

Das wahrscheinlich älteste Gotteshaus Portugals stammt aus der westgotischen Epoche (7. Jh.) und ist trotz seiner überschaubaren Größe eine richtige Kirche mit drei Schiffen und Chor.

■ Balsemão, 5100-013 Lamego, Di–So 10–13, 14–18 Uhr, Eintritt frei

Oberes Douro-Tal

| Landschaft |

Hotelschiffe fahren auf dem Douro von Porto bis an die spanische Grenze, vorbei an den Weinhängen des Tals. Dörfer gibt es nur vereinzelt, die Straßen können über weite Strecken dem Flusslauf nicht folgen. Zwischen Peso da Régua und Pinhão verläuft die Straße beidseits des Flusses, die Eisenbahn folgt ihm ab Pinhão sogar bis zur spanischen Grenze. Viele Tagesausflügler nutzen für eine Richtung das Schiff und nehmen zurück den Bus.

Museu do Douro

| Museum |

Die modern gestaltete Ausstellung beleuchtet den Weinanbau und seine

Azulejogeschmückte Treppe zum Santuário de Nossa Senhora dos Remédios

geologischen, klimatischen und sozialen Voraussetzungen, beschreibt die Schwierigkeiten der Terrassierung und des Transports und führt in die Welt der Weinaromen und -farben ein.

■ R. Marquês de Pombal, 5050-282 Peso da Régua, Tel. 254 31 01 90, www.museudodouro.pt, tgl. 10–18 Uhr, 6 €

Parque Arqueológico do Vale do Côa

| Grabungsareal |

15 *Galerie unter freiem Himmel mit Darstellungen aus der Steinzeit*

Die Felsgravuren von Foz Côa liegen ca. 100 Kilometer östlich von Vila Real und gehören zum UNESCO-Welterbe. Sie sind im Mittel 17 000 Jahre alt und zeigen erstaunlich lebendige und detailreiche Darstellungen von Tieren.

■ R. do Museu, 5150-610 Vila Nova Foz Côa, Tel. 279 76 82 60, www.arte-coa.pt, Museum 9–17.30, Sommer bis 19 Uhr, 6 €, Tour nur nach Voranmeldung ab 8 €

Die Statue Afonsos von Bragança wacht vor dem Rathaus von Chaves

25 Chaves

Mittelaltergassen, repräsentative Plätze und eine wehrhafte Festung

Information

■ Posto de Turismo, Paço dos Duques de Bragança, 5400-150 Chaves, Tel. 276 34 81 80, www.chaves.pt

Chaves existiert bereits seit dem Jahr 78, die Römerbrücke über den Rio Tâmega und Thermalquellen sorgten für Wohlstand. Die schmalen mittelalterlichen Bürgerhäuschen besitzen Balkone und Loggien, die Fassaden sind farblich angenehm akzentuiert.

Sehenswert

Praça de Camões

| Platz |

An der Südostseite wacht die Igreja da Santa Maria Maior über den Platz. Ihr gegenüber steht vor dem Rathaus Afonso von Bragança in voller Rüstung. Der Palast daneben birgt das Regionalmuseum. Hinter ihm markiert die Torre de Menagem den Standort des Kastells. Die Innenwände der Igreja da Misericórdia sind verschwenderisch mit Azulejos verziert.

Museu da Região Flaviense

| Museum |

Der Vorgänger des Bragança-Palasts (ab 1410) war eher klein im Vergleich zum heutigen Komplex, der im 18. Jh. entstand. Die Sammlung umfasst Stücke aus Prähistorie und jüngerer Zeit aus Grabungen in der Region.

■ Pr. de Camões, Mo–Fr 9–12.30, 14–17.30, Sa, So 14–17.30 Uhr, 1 € (inkl. Militärmuseum in der Torre de Menagem)

Bragança ist als strategisch wichtige Stadt seit dem Mittelalter ummauert

P Parken

Kostenfreies Parken unterhalb des **Castelo** an der Travessa Muralha.

Restaurants

€€ | Carvalho Regionale Landküche in gemütlicher Atmosphäre. ■ L. das Caldas 4, Tel. 276 32 17 27, www.restaurantecarvalho.com, Di–Sa 12–15, 19–23, So 12–15 Uhr

In der Umgebung

Igreja de Nossa Senhora da Azinheira

| Kirche |

In Outeiro Seco besitzt die nur von außen zu besichtigende kleine Hallenkirche (12. Jh.) ein in seiner Einfachheit berührendes romanisches Portal.

■ R. Central, 5400-673 Outeiro Seco

26 Bragança

Festungsstadt hinter den sieben Bergen inmitten wunderschöner Natur

i Information

■ Posto de Turismo, Av. Cidade de Zamora, 5300-111 Bragança, Tel. 273 38 12 73, www.cm-braganca.pt

Der Stammsitz der Herzöge von Bragança und des letzten Königshauses von Portugal (1640–1853) ist die letzte größere Stadt des Landes in Richtung Nordosten und Kastilien/León. Selbstredend, dass sie gut befestigt war. Von der Stadtmitte führen schmale Gassen von der alten Kathedrale hinauf zur Burg mit den wichtigsten historischen Gebäuden und Lokalen. Doch schon allein die gute Fernsicht lohnt den Aufstieg.

Schaurige Karnevalsmaske im Museu Ibérico da Máscara e do Traje

Sehenswert

Sé Velha

| Kathedrale |

Die »alte Kathedrale« entstand 1530–50 als Klosterkirche der Klarissen. Im 18. Jh. wurde umfassend barockisiert, der Kreuzgang (16. Jh.) blieb jedoch im Renaissance-Stil erhalten.

■ Pr. da Sé, tgl. 8–12, 14–18 Uhr

Castelo de Bragança

| Burg |

Die Ursprünge der Burganlage liegen im 12. Jh.; über die Zeit wurde sie großzügiger, und Ende des 15. Jh. dominierte ein gewaltiger Bergfried – heute ein Militärmuseum – Festung und Stadt. Die Fundamente der Burgkirche Santa Maria wurden im 13. Jh. gelegt, sie erfuhr aber mehrfach (16.–18. Jh.) massive Umbauten. In dem im Jahr 1300 errichteten Domus Municipalis (Rathaus) empfing der König die Stände, es ist das älteste weltliche Gebäude Portugals aus romanischer Zeit. In dem kleinen Park westlich der Torre steht unter Bäumen ein ganz besonderer Pelourinho: Der Schandpfahl entwächst dem Rücken einer Sau.

Museu Ibérico da Máscara e do Traje

| Museum |

Im Masken- und Trachtenmuseum im Bergbereich sind Masken und Kostüme des Karnevals und bedeutender Feste Portugals ausgestellt.

■ R. Dom Fernando O Bravo 24/26, Tel. 273 38 10 08, http://museudamascara.cm-braganca.pt, Di–So 9–13, 14–17 Uhr, 1 €

Restaurants

€ | **O Batoque** Spezialität sind Pilzgerichte in vielen Variationen. ■ R. Batoques 25, Tel. 935 34 51 88, tgl. 18–23 Uhr

€€ | **Tasca do Ze Tuga** Die »Schlossschänke« serviert u.a. »francesinhas« (Sandwiches), »petiscos« (Vorspeisen) und Kalbsbraten. ■ R. da Igreja 66, Tel. 273 38 13 58, tgl. 10–24 Uhr

In der Umgebung

Miranda do Douro

| Stadt |

Die Stadt am Grenzfluss Douro besticht durch hübsch hergerichtete niedrige Häuschen, ein schönes Rathaus und einer gewaltigen Renaissance-Kathedrale am Hochufer. Als Wochenendziel grenznah wohnender Spanier bietet Miranda Bootsausflüge auf dem Fluss an.

Übernachten

Porto hat sich zu einem der beliebtesten Städtereiseziele gemausert, entsprechend rar sind günstigere Hotels. Alternative sind die zahlreichen Hostels, die teils auch Doppelzimmer mit Bad anbieten. Die Städte des Nordostens besitzen fast alle eine relativ breite Palette an Unterkünften unterschiedlicher Kategorien.

Porto 114

€ | Lusitana Kleines und sauberes Haus mit Klimaanlage in Zentrumsnähe. ■ R. do Rosário 241, 4050-524 Porto, Tel. 222 08 58 51, www.lusitanahotel.com

€€ | Vincci Modernes Designhotel am Nordufer mit großzügigen Zimmern und Dachterrasse. ■ Alameda de Basilio Teles 29, 4150-127 Porto, Tel. 220 43 96 20, www.vincciporto.com

€€€ | Porto A.S. 1829 Boutiquehotel mit gutem Restaurant in bester Lage, elegante Einrichtung. ■ L. São Domingos 45–55, 4050-097 Porto, Tel. 308 80 76 80, http://as1829.luxhotels.pt

Bei Ponte de Lima 125

16 **€€ | Na-Bé Lavender Lodge** Eine Lodge in Portugal? Schlafen in sechs luxuriösen Canvas-Zelten, umgeben von Lavendelfeldern; eigenes Bad im Sanitärblock. ■ 4980-258 Souto, Tel. 258 48 83 39, www.na-be.eu

Braga 126

€€ | Burgus Tribute & Design 200 Meter von der Sé entfernt liegen die 16 sehr komfortablen Zimmer. Restaurant mit Anspruch, stylish-bunte Einrichtung. ■ R. Dom Afonso Henriques, 4700-030 Braga, Tel. 253 68 00 00, www.burgushotel.com

Guimarães 129

€€ | Emaj Boutiquehotel in einem ehemaligen Bankgebäude in der Altstadt. ■ L. do Toural 116, 4810-427 Guimarães, Tel. 253 54 06 40, www.guimaraesemajboutiquehotel.com

Oberes Douro-Tal 133

€€ | Quinta de la Rosa Weingut mit Zimmern. ■ 5085-215 Pinhão, Tel. 254 73 22 54, www.quintadelarosa.com

Miranda do Douro 136

€ | Parador Santa Catarina Gepflegtes Traditionshotel am Douro-Hochufer. ■ Estr. Nacional 221, 5210-183 Miranda do Douro, Tel. 273 43 10 05, www.hotelparadorsantacatarina.pt

ADAC *Das besondere Hotel*

Im Kurpark **Pedras Salgadas** aus dem 19. Jh. mit modernem Spa haben die Architekten Luís Rebelo de Andrade und Diogo Aguiar Eco-Suiten ebenerdig und als Baumhäuser entworfen, die auch höchsten Luxusansprüchen genügen. *€€€ | Pedras Salgadas, Parque Pedras Salgadas, 5450-140 Bornes de Aguiar, Tel. 259 43 71 40, www.pedrassalgadaspark.com*

Der Alentejo – Bauernland wie eh und je

Land der Kontraste: Einsame Höfe und schnurgerade Wege im Inneren, endlose Strände am Meer

Im Alentejo lieben es die Menschen ruhig und gemächlich – perfekt für die entspannte Entdeckungsreise zwischen der Grenze zu Spanien und dem Meer. Auf sanften Hügeln ziehen sich die Reihen der Korkeichen zum Horizont, Kühe und Schafe weiden auf den Freiflächen, und ab und an blitzt in der Ferne ein weißes Gehöft auf. Das Landesinnere war schon zur Frühzeit besiedelt; zahlreiche Menhire und Steinkreise erinnern noch an die Menschen vor 6000 Jahren. Heute leben auf einem Drittel der Landesfläche fünf Prozent der Gesamtbevölkerung – auf den Straßen kann es also manchmal richtig einsam werden. Und zum Baden muss man auch nicht unbedingt an die Küste, abseits des Meeres locken immer wieder Sandstrände an Flüssen und Seen.

In diesem Kapitel:

ADAC Top Tipps:

9 **Sé de Évora, Évora**
| Kathedrale |
Die Kathedrale Évoras ist ein wahres Meisterwerk der Frühgotik, ihr Kreuzgang einer der schönsten des Landes – und auch ihre Dächer sollte man erkunden! 147

ADAC Empfehlungen:

17 **Jardim do Paço Episcopal, Castelo Branco**
| Park |
Barock für den Bischof – die Steinfiguren zwischen grünen Hecken und Wasserspielen erzählen Geschichten. 140

18 Portas de Ródão, bei Castelo Branco

| Landschaft |

Den Durchbruch des Tejo durch die Quarzberge sollte man auf einer Bootsfahrt erkunden. 141

19 Forte de Nossa Senhora da Graça, Elvas

| Historisches Gebäude |

Über den massiven Wehranlagen thront ein herrschaftliches Gebäude – eine Villa on top. 144

20 Tapetes de Arraiolos, bei Évora

| Einkaufen |

Je mehr Stiche, desto kostbarer sind die Wollteppiche – nichts für den Boden, sondern für die Wand. 149

21 Horta da Moura, Monsaraz

| Hotel |

Balsam für die Seele ist die Ruhe in dem Landgut mitten in sanften Hügeln voller Olivenbäume. 155

Der Tejo hat sich bei den Portas de Ródão seinen Weg durch das Gestein gebahnt

27 Castelo Branco

Moderne Architektur, jahrhundertealte Denkmäler und mittelalterliche Kirchen

Information

■ Posto de Turismo, Av. Nuno Álvares 30, 6000-083 Castelo Branco, Tel. 272 33 03 39, www.cm-castelobranco.pt, www.naturtejo.com

Die von Tempelrittern gegründete »weiße Festung« ist eine geschäftige Stadt mit modernem Zentrum. Auf einem Spaziergang lassen sich neben barocker und Renaissance-Architektur auch Gebäuden entdecken, die in einer Mischung aus Klassizismus, Bauhaus- und Jugendstil entstanden sind. Ein Ausflug in die Meseta Meridional entführt in die reizvolle Landschaft des Geoparks Naturtejo.

Sehenswert

Jardim do Paço Episcopal

| Park |

17 *Einer der schönsten Barock-Gärten ist Wahrzeichen der Stadt*

Der Park ist einer der schönsten Portugals und bezaubert mit Treppen, Wasserspielen, Hecken und Statuen – Allegorien u.a. von Tugenden, Tierkreiszeichen und Jahreszeiten sowie von den Königen Portugals.

■ R. Bartolomeu da Costa 5, tgl. 9–19, Winter bis 17 Uhr, 2 €

Museu Francisco Tavares Proença Júnior

| Museum |

Die Sammlung besteht aus Sakralkunst, archäologischen Funden und Gemälden. Eine Abteilung widmet sich der Herstellung der Colchas, mit Seide kunstvoll bestickte Leinenstoffe.

■ L. Dr. José Lopes Dias, Tel. 272 34 42 77, Di–So 10–13, 14–18 Uhr, 3 €

Museu Cargaleiro

| **Museum** |

Neben Keramiken (v.a. Azulejos) und Bildern von Manuel Cargaleiro (* 1927) sind in dem Museum auch Gemälde von anderen Künstlern zu sehen.

■ R. dos Cavaleiros 23, Tel. 272 33 73 94, www.fundacaomanuelcargaleiro.pt, Di–So 10–13, 14–18 Uhr, 2 €

Restaurants

€ | **Churrasqueira da Quinta** Gute Gerichte vom Grill. ■ R. Dr. Henrique Carvalhao 4A, Tel. 272 32 64 06, www.churrasqueiradaquinta.com, tgl. 11–22 Uhr

Einkaufen

Centro de Interpretação do Bordado Das Zentrum mit Museum informiert über und verkauft Stickereien – u.a. Colchas. ■ Pr. Camões, Tel. 272 33 03 30, Di–So 10–13, 14–18 Uhr, Eintritt frei

In der Umgebung

Idanha-a-Velha

| **Ortschaft** |

Das Dorf auf der Meseta ist eine Gründung der Römer, Grabungen brachten antike Fundamente zum Vorschein. Ein Mauerring zeugt von der Bedeutung des Orts. Als ehemaliger Bischofssitz besitzt Idanha seit dem 6. Jh. eine Kathedrale. In ihr ist noch eine Malerei aus gotischer Zeit und die islamische Gebetsnische erhalten.

■ Complexo Monumental, 6060-041 Idanha-a-Velha, Tel. 277 20 29 00, www.aldeiashistoricasdeportugal.com, tgl. 10–12.30, 14.30–16.30 Uhr, Eintritt frei

Monsanto

| **Ortschaft** |

Liegt Idanha in der Ebene, haben sich die Gründer Monsantos auf eine Granitkuppe zurückgezogen und eine Burg errichtet. Ein Spaziergang durch die Gassen lohnt. Der markante Torre de Lucano diente als Kirchturm.

Portas de Ródão

| **Landschaft** |

18 *Beeindruckender Flussdurchbruch in Gebirgslandschaft*

Den Tejo-Durchbruch bei Vila Velha de Rodão mag man in Ermangelung von Stromschnellen vielleicht für nicht sonderlich spektakulär halten, doch der Tejo bahnt sich in einer weiten Schleife seinen Weg durch einen Bergrücken der Serra das Talhadas. Vom Tejo-Hafen kann man auf gut zwei Kilometern erst die Straße entlang, dann auf einem Ziehweg zur Capela da Nossa Senhora do Castelo und von dort zum Turm des Castelo de Ródão mit Blick auf den Tejo spazieren (Caminho de Romaria).

■ Vila Portuguesa, Rua Porto do Tejo, 6030-223 Vila Velha de Ródão, Tel. 272 54 12 16, Bootstouren, 10 €/60 Min.

28 Castelo de Vide

Besterhaltene Festungsstadt des Landes aus dem Mittelalter

Information

■ Posto de Turismo, Pr. D. Pedro V, 7320-114 Castelo de Vide, Tel. 245 90 82 27, www.castelodevide.pt

Am Fuß der Serra de São Mamede umgeben auf einem Hügel weiße Häuschen die Festung in ihrer Mitte.

1978 wurde der Hauptturm der 1327 fertiggestellten und schließlich verfallenen Burg rekonstruiert. Steile Treppengassen durchziehen den Ort und laden zu einem Spaziergang ein.

29 Marvão

Gewaltige Mauern umgeben die Stadt an der Grenze zu Spanien

Information

■ Posto de Turismo, L. da Silveirinha, 7330-111 Marvão, Tel. 245 90 91 31, www.cm-marvao.pt

Nähert man sich dem Felskamm Marvãos, ist der Granit der Burg fast nicht vom Fels zu unterschieden. Weiß getüncht stehen die Häuschen im Mauerring. Die Praia Fluvial de Portagem bietet Liegeflächen mit Sever-Zugang.

Castelo de Marvão

| Burg |

Die Nordwestseite des Felskamms schließt die Burg ab, an einer Position, von der aus man »das ganze Land«

Gefällt Ihnen das?

Flussstrände (Praias fluviais) sind übers ganze Land verteilt, zu den schönsten gehören Marvão, Minas de São Domingos und Praia Fluvial do Pego Fundo bei Mértola (S. 152), Penha Garcia bei Monsanto, in der Serra da Lousã (S. 104) und bei Monsaraz (S. 145). Sogar in der Serra da Estrela (S. 108) sind sie zu finden: Besonders reizvoll ist das bei Loriga mit Kaskadenbecken und der Poço da Broca bei Barriosa mit Wasserfällen.

(José Saramago) übersieht. Die Portugiesen haben die Lage als Grenzbefestigung genutzt. Zwei Zisternen sicherten die Wasserversorgung.

■ tgl. 10–18, Winter bis 17 Uhr, 1,50 €

Museu Municipal de Marvão

| Museum |

Das Stadtmuseum präsentiert archäologische Fundstücke aus der Region. In der ethnografischen Abteilung sind u.a. Trachten zu sehen, die sakrale Kunst entstammt dem 17. und 18. Jh.

■ Travessa de Santa Maria, Tel. 245 90 91 32, tgl. 10–12.30, 13.30–17 Uhr, 1,90 €

Restaurants

€€ | **Sever Rio** Fleischgerichte und Wild.

■ Estr. do Rio Sever 4, Tel. 245 99 33 18, www.sever.pt, tgl. 11.30–22.30 Uhr

30 Portalegre

Gobelin- und Webkunst am Rand der Serra de São Mamede

Information

■ Posto de Turismo, R. Guilherme Gomes Fernandes 22, 7300-186 Portalegre, Tel. 245 30 74 45, www.cm-portalegre.pt

Die Altstadt mit der den Hügel zu Burg und Kathedrale hochführenden Rua de 5 Outubro hat ihren ganz eigenen Charme. Im 16. /17. Jh. war Portalegre ein Mittelpunkt des Webhandwerks.

Sehenswert

Museu de Tapeçarias Guy Fino

| Museum |

Die Tapisserien sind alles andere als antiquiert. Künstler lieferten die Vorlagen, die die Kunsthandwerker in Portalegres Manufaktur zu Bildteppichen verarbeitet haben.

■ R. da Figueira 9, Tel. 245 30 75 30, Di–So 9.30–13, 14.30–18 Uhr, 2,10 €

Sé de Portalegre

| Kathedrale |

Die Kathedrale ist ein ausgezeichnetes Beispiel für den Manierismus und birgt in ihrem Inneren fast 100 Gemälde dieser Spielart der Spätrenaissance.

■ Pr. do Município, Di 8.15–12, Mi–So 8.15–12, 14.30–18 Uhr, Eintritt frei

Convento de Santa Clara

| Kreuzgang |

Durch die Bibliothek gelangt man in den Kreuzgang gotischen Ursprungs. Er wurde in Renaissance und Barock umgestaltet.

■ R. de Elvas 54, Mo–Fr 9–13, 14–18, Sa 14–18 Uhr, Eintritt frei

Restaurants

€ | **Solar do Forcado** Exzellente Fleischgerichte. ■ R. Candido dos Reis 14, Tel. 245 33 08 66, Mo–Fr 12.30–15.30, 19–22.30, Sa 19–22.30 Uhr

31 Elvas

Festungsstadt mit einzigartigem mittelalterlich-maurischem Charakter

Information

■ Posto de Turismo, Pr. da República 2, 7350-002 Elvas, Tel. 268 62 22 36, www.cm-elvas.pt

Die Wehrarchitektur der als UNESCO-Welterbe geschützten Stadt ist über 2000 Jahre hinweg entstanden. Zuerst richteten sich die Römer ein, dann die Goten, später die Mauren und schließlich die Portugiesen. Mauerfluchten, Tore mit Türmen und Sperrforts sind die Visitenkarte der Stadt.

Der vierstöckige Aqueduto de Amoreira geht auf die Römer zurück

Sehenswert

Aqueduto da Amoreira

| Historisches Bauwerk |

Blickfang ist das Aquädukt, mit 843 teils vierstöckigen Bogen und fast acht Kilometer Länge das größte Europas – entstanden bis 1622 unter Einbeziehung der römischen Wasserleitung.

Praça da República

| Platz |

Die Igreja de Nossa Senhora da Assunção wendet sich wuchtig mit ihrem Portalturm dem Platz zu. Die auf schlanken Säulen ruhenden Gewölbe der Basilika tragen ornamentale Malereien. Geht man die Gasse bergan, gelangt man zur Igreja de Nossa Senhora da Cosolação. Wände, Gewölbe und Kuppel ihres achteckigen Gebetsraumes schmücken Azulejos. Vor der Kirche steht die Kopie eines Prangers (»pelourinho«) aus dem 16. Jh. mit manuelinischem Steinschmuck.

Museu Militar do Forte de Santa Luzia

| **Museum** |

In den 1641 fertiggestellten Kasematten außerhalb der Stadtmauern finden sich Waffen, Beschreibungen der Funktion der Wehranlagen und Exponate des täglichen Kasernenlebens.

■ Forte de Santa Luzia, Di 15–19, Mi–So 10–13, 15–19, Winter Di 13–17.30, Mi–So 9.30–17.30 Uhr, 3 €

Blick vom Forte de Nossa Senhora da Graça auf Elvas und Umgebung

Forte de Nossa Senhora da Graça

| **Historisches Gebäude** |

19 *Eine verschachtelte Villa für den Kommandanten*

Baulich spektakulärer als Santa Luzia ist dieses Fort im Norden. Wenn man sich in den Gängen und auf den Treppen nicht verliert, gelangt man hoch zur Villa des Kommandanten mit fantastischem Panoramablick.

■ http://fortegraca.aiaradc.org, Di–So 10–17 Uhr, 5 €

P Parken

Tiefgarage in der Altstadt an der **Praça da República** (0,80 €/Std.).

Restaurants

€ | **Mercato** »Petiscos« bzw. Tapas und gute Bierauswahl. ■ R. da Feira 4, Tel. 962 47 44 71, Di–So 12–15, 18–24 Uhr

€ | **O Lagar** Alentejo-Küche mit Stockfisch. ■ R. Nova da Vedoria 7, Tel. 268 62 62 47, Fr–Mi 12–14.30, 19.30–23 Uhr

32 Vila Viçosa

Stammsitz der Familie Bragança mit bedeutenden Marmorvorkommen

i Information

■ Posto de Turismo, Pr. da República, 7160-207 Vila Viçosa, Tel. 268 88 93 17, www.cm-vilavicosa.pt

Rund um Vila Viçosa liegen Marmorsteinbrüche, und natürlich ist auch das berühmteste Gebäude der Stadt aus Marmor. Die Herzogsfamilie Bragança bezog ihren Palast 1507. Vila Viçosa, einst ein Zentrum des Geisteslebens, ist heute ein geruhsames Städtchen.

Sehenswert

Paço Ducal

| Schloss |

Der Herzogspalast der Braganças ist königlich – und tatsächlich war die Familie ja auch mit den Königen aus dem Hause Avis mehrfach verwandt und verschwägert. Die weite marmorgepflasterte Fläche vor der Fassade gleißt hell in der Sonne, auf ihr reitet in Bronze João IV., erster König des Hauses Bragança. 300 Menschen wohnten bis 1640 im Palast. Der Palast selbst glänzt mit Superlativen: Die Beletage ist mit kostbaren Möbeln ausgestattet, die Sammlungen zeigen mit Gemälden, Gobelins, Waffen und Porzellan das Beste, das es zur jeweiligen Zeit gab. Die Bibliothek gehört zu den wertvollsten des Landes, die Kutschensammlung ist größer als die in Belém.

■ Terreiro do Paço, Tel. 268 98 06 59, www.fcbraganca.pt, Di 14–18, Mi–So 10–13, 14–18, Winter bis 17 Uhr, Palast 7 €, Waffenkammer und Kutschenmuseum je 3 €, Chinesisches Porzellan und Schatzkammer je 2,50 €

Castelo de Vila Viçosa

| Burg |

Zehn Gehminuten vom Palast schließt der Park der Burganlage den Stadtplatz nach Osten hin ab. 1297 erstmals errichtet, erfuhr das Castelo mehrfach Um- und Anbauten. Die Zitadelle aus dem 17. Jh. ist ein abweisender Koloss mit Zugbrücke. Die archäologische Sammlung besteht aus Grabungsfunden der Region. Das Jagdmuseum beleuchtet die Jagd in unterschiedlichen Kulturkreisen und Epochen.

■ R. do Castelo, Zeiten wie Paço Ducal, Burg mit Jagdmuseum und archäologischer Abteilung 3 €

Restaurants

€€ | **Ouro Branco** Alentejo-Spezialitäten, u.a. »migas« (Bauerngericht). ■ Alameda das Varandinhas 43, Tel. 268 98 05 56, Mo–Sa 12–15, 19–22.30, So 12–15 Uhr

€€€ | **A Cadeia Quinhentista** Küche auf höchstem Niveau. ■ R. Rainha Santa Isabel, Tel. 268 32 34 00, tgl. 12–15, 19–23 Uhr

33 Monsaraz

Das Museumsdorf ist einer der stimmigsten Bergorte des Alentejo

Information

■ Posto de Turismo, R. Direita, 7200-185 Monsaraz, Tel. 927 99 73 16, www.cm-reguengos-monsaraz.pt

Vom weißen Turm am Nordtor zu den grauen Mauern der Burg sind es gerade mal 300 Meter auf dem holprigen Pflaster der Gassen vorbei an weiß gekalkten zweistöckigen Häusern aus dem 15. Jh. Wie aus dem Ei gepellt wirkt Monsaraz, und es herrscht noch nicht mal touristischer Rummel – außer in der zweiten Julihälfte in geraden Jahren zu Monsaraz Museu Aberto: Die Veranstaltungen mit Konzerten, Ausstellungen und Aufführungen ziehen Besucher aus ganz Portugal an. Der Burghof wurde 1830 zur Arena umgewandelt. Die Bewohner hatten für die verfallene Wehranlage eine neue Verwendung gefunden, den Stierkampf.

Restaurants

€€ | **Taverna os Templários** Alentejo-Spezialitäten: eines der beliebteste Lokale in der Region. ■ R. Direita 22, Tel. 266 55 71 66, Mi–Mo 10–24 Uhr.

34 Évora

Eine moderne Stadt voller Geschichte

Die Praça do Giraldo ist der lebendige Hauptplatz von Évora mit vielen Cafés

Information

■ Posto de Turismo, Pr. do Giraldo 73, 7000-842 Évora, Tel. 266 77 70 71, www.cm-evora.pt

Die Bedeutung Évoras wird am Largo do Conde de Vila Flor deutlich. Die korinthischen Säulen des Dianatempels der römischen Stadt Liberalitas Julia sind die besterhaltene antike Ruine der Iberischen Halbinsel. Jede andere Ecke atmet ebenso Geschichte. Der Palast der Familie Cadaval erinnert an die manuelinische Epoche und Barock, die Kathedrale an die Gotik. Die Altstadt ist UNESCO-Welterbe.

Sehenswert

1 Igreja dos Lóios
| Kirche |

Ein Stufenportal führt in die Kirche des Convento de São João Evangelista. Rippengewölbe überspannen die fünf Joche, Azulejos erzählen Episoden aus dem Leben des hl. Laurenz.

■ L. do Conde de Vila Flor, www.palaciocadaval.com, Di–So 10–18 Uhr, 7 € (mit Ausstellung im Cadaval-Palast)

2 Museu de Évora
| Museum |

1804 gründete der Erzbischof Évoras eine Bibliothek, in der er auch Teile

Plan S. 149

seiner Sammlung zeigte – die Geburtsstunde des Museums. Die Sammlung umfasst Archäologie, Skulpturen, Keramik, Möbel und Gemälde. Am Polyptychon (1495–1510) mit 13 Tafelbildern zum Leben der Jungfrau arbeiteten mehrere flämische Künstler.

■ L. do Conde de Vila Flor, Tel. 266 73 04 80, www.museudevora.pt, Di–So 9.30–17.30 Uhr, 3 €

3 Sé de Évora

| Kathedrale |

9 *Schönste Frühgotik auf romanischem Grundriss*

Die Wehrkirche mit ihren zwei flankierenden Türmen wurde zwischen 1186 und 1330 errichtet. Zwölf Apostelfiguren stehen auf den Säulen beidseits des Tores. Den Eintretenden umfängt die fast bedrohliche Höhe einer der schönsten gotischen Kirchen Portugals mit dem Grundriss einer romanischen Basilika. 70 Meter misst das Hauptschiff, einige wenige Altäre mit üppig vergoldetem Holzschnitzwerk (»talha dourada«) kontrastieren mit der Strenge der Ziegelbögen. Der begrünte Kreuzgang (13. Jh.) ist ein Ort echter Besinnlichkeit. Von dort kann man auf die Dachterrasse steigen und das sehr schöne Panorama genießen. Die Schatzkammer bewahrt sakrale Kultobjekte, Gewänder, Gemälde und Skulpturen.

■ L. do Marquês de Marialva, www.evoracathedral.com, Di–So 9–17 Uhr, Kirche/Kreuzgang 2,50 €, Kirche/Kreuzgang/Dachterrasse 3,50 €, Kirche/Museum 4 €, alles 4,50 €

4 Praça do Giraldo

| Platz |

Das Pflaster des Hauptplatzes überdeckt das Forum, den Mittelpunkt der ehemaligen römischen Stadtanlage. Prominent schließt die Renaissance-Kirche Igreja de Santo Antão (1568) den Platz im Nordwesten ab. Entlang der Nordseite verlaufen Arkadengänge, zu deren Bau einst römische Säulen beitrugen. Der Platz lag im 13. Jh. noch außerhalb der Stadtmauern und diente als Markt. Mit der Erweiterung des Stadtwalls begann dann die Bebauung. Bis zum 18. Jh. fanden hier öffentliche Verhandlungen und Hinrichtungen statt.

Der Cromeleque dos Almendres ist ein Steinoval aus 92 Menhiren

5 Igreja de São Francisco
| Kirche |

1510 wurde die Kirche geweiht. Auf jeder Seite sind sechs Kapellen angeordnet, im rechten Querschiff gelangt man zur Capela dos Ossos, der Knochenkapelle. Der Sinnspruch am Eingang – »Wir, die Knochen, die hier liegen, warten auf die Euren« – verweist auf die Vergänglichkeit. Die Überreste vieler Menschen haben in ihr als groteskes Baumaterial Verwendung gefunden.

■ Pr. 1º de Maio 4, tgl. 9–18.30, Winter bis 17 Uhr, 4 €

6 Ermida de São Brás
| Kirche |

Wie ein etwas unförmiges Lustschloss steht der 1485 errichtete Konvent in maurisch-gotischem Stil vor den Toren Évoras. Zinnen und Türme lassen das Bauwerk größer wirken, als es ist. Das Innere ist weitgehend schmucklos, die Fliesen der Kuppel weisen geometrische Muster auf.

■ Av. Dr. Francisco Barahona 1, Mo–Fr 9–12, 14–19, Sa, So 11–17.30 Uhr, Eintritt frei

Restaurants

€ | **Cozinha da Catarina** Beste Hausmannskost aus dem Alentejo. ■ R. de Aviz 154, Tel. 924 42 22 03, Di–So 8.30–1 Uhr, Plan S. 149 b1

€€ | **Maria Luísa** Gehobene Alentejo-Küche wie Schweinebäckchen. ■ Pr. 1º de Maio 14, Tel. 266 78 13 33, Mi–So 12–125.30, 19.30–23.30, Plan S. 149 b2

Cafés

Fábrica dos Pastéis Die noch warmen »pastéis de Nata« (Puddingtörtchen) sind die besten der Stadt. ■ R. Alcárcova de Cima 10, Tel. 266 09 84 24, Di–Sa 10–21, So 10–20 Uhr, Plan S. 149 b2

Eisdielen

Zoka Eisdiele mit eigener Herstellung. ■ R. Miguel Bombarda 14, Tel. 266 70 31 33, tgl. 8–24 Uhr, Plan S. 149 b2

Kneipen, Bars und Clubs

Bar do Teatro Bar im Pubstil. ■ Pr. Joaquim António de Aguiar, Tel. 962 65 15 85, Mi–So 20–24 Uhr, Plan S. 149 a2

In der Umgebung

Anta Grande do Zambujeiro
| Grabungsareal |

Das größte Megalithgrab Portugals beim Dorf Valverde kam 1964 bei der

Sprengung des 20 Tonnen schweren Decksteins zutage. Auf 6000 Jahre schätzt man die Anlage, in der zahlreiche Artefakte wie Pfeilspitzen, Beile, Perlen und Keramikscherben gefunden wurden. In die acht Meter hohe Kammer führt ein zwei Meter hoher, 1,5 Meter breiter und zwölf Meter langer Korridor. Das gesamte Grab hat einen Durchmesser von 50 Metern.

■ frei zugänglich

Cromeleque dos Almendres

| Grabungsareal |

Zehn Kilometer sind es von Valverde nach Nordosten zum 5000 bis 6000 Jahre alten Steinkreis von Almendres. Die bis zu drei Meter hohen Steine erscheinen heute in etwas wilder Anordnung. Tatsächlich entstand die Anlage in mehreren Perioden. Im Erstausbau war es ein runder Kreis mit einer Doppelreihe, dann kam nordwestlich ein wesentlich größeres, etwa 60 Meter langes Oval hinzu, ebenfalls aus einer Doppelreihe. Berechnet haben die Menschen der Frühzeit damit die Sonnenwenden und die Sternbahnen.

■ frei zugänglich

Einkaufen

20 **Tapetes de Arraiolos** Arraiolos ist berühmt für seine mit orientalischen Ornamenten geschmückten Teppiche. Das Centro Interpretativo informiert über Herstellung und Geschichte. In den Werkstätten kann man bei der Produktion zuschauen und einkaufen. Je nach Feinheit kosten die Teppiche bis zu mehrere Tausend Euro.

■ Pr. do Município 19, 7040-019 Arraiolos, www.tapetedearraiolos.pt, Di–So 10–13, 14–18 Uhr, 1 €

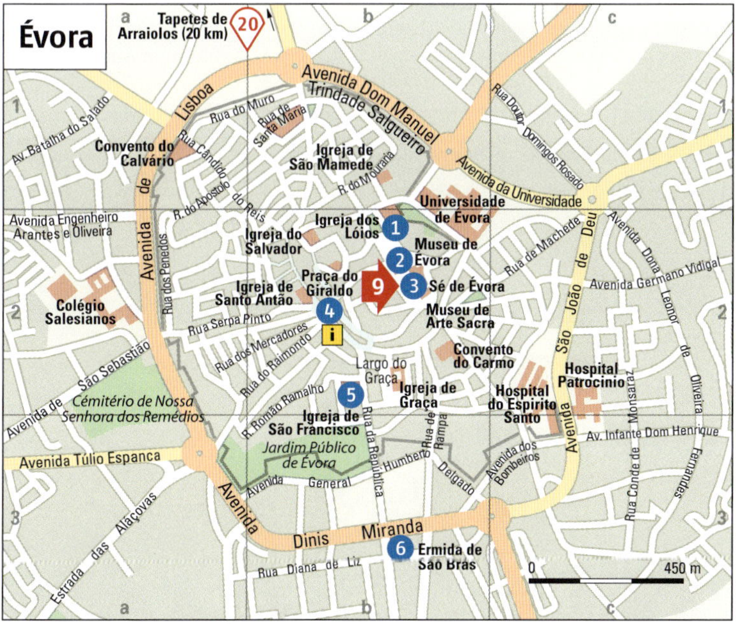

35 Beja

Landwirtschaftliches Zentrum in der Goldenen Ebene

Information

■ Posto de Turismo, L. Dr. Lima Faleiro 1, 7800-266 Beja, Tel. 284 31 19 13, www.cm-beja.pt

Die Kornkammer Portugals rund um Beja ist der heißeste Fleck des Landes; Schatten ist auf den baumlosen Feldern Mangelware, umso üppiger gedeihen verschiedene Getreidearten. Die Stadt mit römischer Vergangenheit birgt keine Sensationen, ist aber dennoch einen Besuch wert. Museen, das obligatorische Kastell, Klöster und Kirchen entwerfen ein Kaleidoskop der mittelalterlichen Landesgeschichte. Dass Beja durch Liebesbriefe europaweite Berühmtheit erlangte, verdankt es übrigens Rainer Maria Rilke und seinen »Portugiesischen Briefen«.

Sehenswert

Museu Regional de Beja

| Museum |

Die mit ornamentalem Zierwerk versehenen Attiken und Balkonbrüstungen des Convento da Nossa Senhora da Conceição (um 1500) künden bereits von der manuelinischen Epoche. Heute ist in den Räumen des Klosters das Regionalmuseum untergebracht. Vom Foyer blickt man in den verschwenderisch mit Gold ausgestatteten barocken Kirchenraum. Die Sammlung des Museums besteht in erster Linie aus archäologischen Fundstücken.

■ L. da Conceição, Tel. 284 32 33 51, www.museuregionaldebeja.pt, Di–So 9.30–12.30, 14–17.15 Uhr

Torre de Menagem

| Burg |

Der höchste Burgfried Portugals strebt dort, wo einmal das römische Castrum stand, 40 Meter in den Himmel. 183 Stufen führen hoch zur Aussichtsplatt-

Prächtig ausgestalteter Altarraum des Convento da Nossa Senhora da Conceição

form. Der Turm entstand 1310, die Balkone an den Ecken besitzen Öffnungen, aus denen Pech und Schwefel auf Angreifer herabregnete.
■ Castelo, 9.30–12, 14–17.30, Winter bis 16.30 Uhr, Eintritt frei

Restaurants

€ | **Adega 25 de Abril** Alentejo-Kost in großen Portionen, Spezialität ist das Grillfleisch. ■ R. da Moeda 23, Tel. 284 32 59 60, Di–Sa 12–15, 19.30–22, So 12–15 Uhr

36 Mértola

Ein architektonisches und museales Gesamtkunstwerk

Information

■ Posto de Turismo, R. da Igreja 31, 7750-338 Mértola, Tel. 286 61 01 09, www.cm-mertola.pt

Die Häuser in Mértola ziehen sich vom Flussufer malerisch den Burgberg hoch

Ein Dorf, ein Berg, ein Fluss – Mértola ist einer der Plätze, die man unbedingt besuchen sollte. Nicht nur, um durch die Gassen zu schlendern, sondern weil es hier einen (fast) vollständigen Überblick über die Landesgeschichte gibt: von der Vorgeschichte zur Antike, der maurischen Besetzung bis zum auslaufenden Mittelalter.

Sehenswert

Igreja de Nossa Senhora da Anunciação

| **Kirche** |
Fast an der höchsten Stelle des Orts gleich unterhalb der Burg steht die gotische Kirche aus dem 13. Jh. Ihre drei Tore bezeugen allerdings, dass die eigentliche Bauzeit im 11. Jh. lag. Der Torbogen ist maurisch, und tatsächlich war das Gebäude eine Moschee, die Nische hinter dem Altar deren Mihrab. Die Moschee ihrerseits steht auf frühchristlichen Fundamenten.
■ R. da Igreja, 9.15–12.30, 14–17.15 Uhr, Eintritt frei

Núcleos Museológicos do Museu de Mértola

| **Museum** |
Unterhalb der Kirche erstreckt sich das Grabungsgelände Alcáçova mit römischen Fundamenten und Mosaiken sowie einer Basilika. Die Burg oberhalb war römische Akropolis, maurische Befestigung und mittelalterliche Wehranlage. Weitere Museen sind im Städtchen verteilt. Der Núcleo Romano befindet sich in den Kellern des

Statue in Sines für den bekanntesten Sohn der Stadt: Vasco da Gama

Rathauses und zeigt dort gefundene Stücke. Im Núcleo Islámico sind Gegenstände aus maurischer Zeit zu sehen. Über dem Tor zu den Flusskais bewahrt der Núcleo da Arte Sacra Gemälde und Skulpturen aus den Kirchen. In der Neustadt schützt ein moderner Bau die Fundamente einer weiteren frühchristlichen Basilika.

■ Pr. Luís de Camões, Tel. 286 61 01 00, http://museus.cm-mertola.pt, 9.15–12.30, 14–17.15 Uhr, Eintritt frei, Burgturm und Núcleo Islámico je 2 €

Restaurants

€€ | **Casa Amarela** Ausgezeichnete »petiscos« und Hauptgerichte. ■ Estr. dos Celeiros 25, Tel. 286 09 41 02, Mi–Fr 18.30–1/2, Sa, So 12–16, 18.30–24 Uhr

In der Umgebung

Praia Fluvial de Minas de São Domingos und Praia Fluvial do Pego Fundo
| Strände |
Die Praia Fluvial de Minas de São Domingos am Stausee Tapada Grande gilt als einer der schönsten Strände des Landes: feiner Sand, flaches Wasser und viele Einrichtungen. Fast genauso schön ist die Praia Fluvial do Pego Fundo in Alcoutim an einem Seitenarm des Guadiana.

37 Costa Alentejana

Felsbuchten und Sandstrände zum Baden, Sonnen und Surfen

Sandige Felsbuchten wechseln sich ab mit Stränden, Fischerorte mit Seebädern. Die Küsten des Baixo Alentejano sind touristisch zwar nicht mehr »terra incognita«, aber auch nicht so überlaufen wie die Algarve. Zwischen Setúbal und Sines ist die Costa da Galé ein Strandbogen von über 60 Kilometer Länge. Von Sines Richtung Süden sieht die Küste mit Dünen und Klippen ganz anders aus. Ab Odeceixe ist sie als Costa Vicentina naturgeschützt.

Sehenswert

Alcácer do Sal
| Ortschaft |
Die nördlichste Stadt der Costa Alentejana liegt etwas im Landesinneren am Rio Sado – was nicht immer der Fall war; noch zu maurischen Zeiten galt Alcácer do Sal als beliebter Seehafen. Unweit hat man den einzigen Nachweis einer phönizischen Siedlung in Portugal gefunden. Die Stadt domi-

niert die Burg arabischen Ursprungs. In ihren Katakomben sind die Funde der Burg ausgestellt.

■ R. do Castelo, 7580-131 Alcácer do Sal, www.cm-alcacerdosal.pt, Di–So 9.30–13, 15–18.30, Winter bis 17.30 Uhr, 3 €

Tróia

| Strand |

Die schmale Landzunge von Tróia ist wegen ihrer schönen Sandstrände beliebt. Eine Lagune teilt die Landzunge nochmals, und an deren schmalem Ostzipfel befinden sich die Ruínas Romanas de Tróia. In den Bottichen gärte vor 2000 Jahren die für die römische Küche unverzichtbare Würze Garum.

■ 7570-789 Troia, http://www.troiaresort.pt/ruinas-de-troia, Mi–So 10–13, 14.30–18, Jan.–Mai, Nov., Dez. bis 17.30 Uhr, 5 €

Sines

| Ortschaft |

Vasco da Gama (um 1469–1524) ist der berühmteste Sohn der Stadt und blickt in Bronze auf die Bucht von Sines. Landmarke ist das Kastell mit der Casa de Vasco da Gama. Das Museum im Burghof beleuchtet die Stadtgeschichte. Dass der Seefahrer hier geboren wurde, ist nicht gesichert. Beliebtester Strand ist die Praia de São Torpes.

■ Casa de Vasco da Gama, L. Poeta Bocage, 7520-151 Sines, www.sines.pt, Di–So 10–13, 14.30–18, Winter 10–13, 14–17 Uhr, Eintritt frei

ADAC *Mobil*

Mit den Bussen von **Rede Expressos** kommt man von Lissabon bis nach Sagres an der Algarve, die Linien 78 und 81 fahren fast alle Orte an der Costa Alentejana ab. *www.rede-expressos.pt*

Die Rota Vicentina gehört zu den schönsten Küstenwanderwegen

Porto Covo

| Strand |

Zwischen Sines und Porto Covo ändert sich die Landschaft. Es wird zunehmend felsiger, die Klippen bilden tiefe Buchten. Der Strand Porto Covos, die Praia Grande, gehört zu den schönsten an der nördlichen Küste.

■ 7520-437 Porto Covo

Rota Vicentina

| Küstenwanderung |

Einer der schönsten Küstenwanderwege ist die Rota Vicentina, ein hervorragend markiertes Wegenetz von 450 Kilometer Länge. Der Abschnitt Trilho dos Pescadores verläuft zwischen Porto Covo und Odeceixe auf 75 Kilometern der Küste entlang.

■ http://de.rotavicentina.com

Der lange, sanft gebogene Sandstrand von Arrifana mit dem kleinen Hafen

Vila Nova de Milfontes

| Ortschaft |

Die Strände am Mündungstrichter des Rio Mira sind besonders bei Familien beliebt. Die Gassen der Altstadt säumen weiß gekalkte Gebäude. Der Forte São Clemente schützte ab 1602 Stadt und Hafen vor maurischen Piraten. Der Südstrand Praia das Furnas ist mit der Blauen Flagge ausgezeichnet.

■ 7645-310 Vila Nova de Milfontes, http://jf-vnmilfontes.pt

Cabo Sardão

| Landschaft |

Die Klippen am Leuchtturm des Cabo Sardão ragen steil in die Höhe. Die Felsspalten sind beliebte Nistplätze von Störchen und Wanderfalken.

Zambujera do Mar

| Ortschaft |

Bis auf die zwei Saisonmonate geht es in den Gassen oberhalb des großen Sandstrands geruhsam zu. Im Hinterland treffen sich Anfang August rund 15 000 Fans zum Mammutfestival MEO Sudoeste (S.176).

■ http://sudoeste.meo.pt

Odeceixe

| Ortschaft |

Der eigentliche Ort liegt vier Kilometer vom Meer entfernt. Direkt an der Mündung des Seixe entstand ein eigenes kleines Dorf mit Pensionen und Lokalen. Bei Flut kann der Landzungenstrand recht schmal werden, sodass man besser auf die Nordseite ausweicht. Intimer sind die kleinen Sandbuchten, die südlich anschließen.

■ 8670-320 Odeceixe, http://freguesiadeodeceixe.pt

Arrifana

| Ortschaft |

Arrifana sagt man nach, dass es einen der schönsten Strände der Costa Alentejana besitzt. Der Ort liegt hoch oben auf den Felsklippen, der sanfte, lange Strandbogen unterhalb ist eines der besten Surfreviere für Anfänger und Profis.

ADAC *Mittendrin*

Die Strände rund um **Arrifana** sind bestens auf Surfer eingestellt. Tagsüber trifft man sich in den Strandbars, spätnachmittags in den Lounges und abends in den Restaurants und Kneipen. Und wenn etwas kaputt gegangen ist: Die Läden verkaufen Bretter und Zubehör.

Übernachten

Auch im Alentejo sind die Unterkünfte im Landesinneren günstiger als am Meer. Die Westküste ist günstiger als die Algarve. In der Hochsaison (Juni–Sep.) können sich die Hotelpreise in den Badeorten leicht verdoppeln. Besonders schöne Unterkünfte sind die Landgüter (Hotel Rural).

Marvão 142

€ | **El-Rei Dom Manuel** Komfortable Zimmer mitten in der Altstadt. ■ L. de Olivença, 7330-104 Marvão, Tel. 245 90 91 50, www.turismarvao.pt

Elvas 143

€€ | **Monte da Provenca** Herrenhaus außerhalb der Stadt mit stilvoller Einrichtung. ■ 7350-481 São Vicente, Tel. 912 79 92 02, http://montedaprovenca.com

Monsaraz 145

€ | **Estalagem de Monsaraz** Boutiquehotel am Stadtwall. ■ R. de São Bento 5, 7200-175 Monsaraz, Tel. 266 55 71 12, www.estalagemdemonsaraz.com

21 €€ | **Horta da Moura** Landgut in absoluter Ruhe inmitten von Olivenbäumen. ■ Horta da Moura Apt 64, 7200-999 Monsaraz, Tel. 266 55 01 00, http://hortadamoura.pt

Évora 146

€ | **Riviera** Zentral gelegenes Drei-Sterne-Haus mit sauberen Zimmern. ■ R. 5 de Outubro 47, 7000-854 Évora, Tel. 266 73 72 10, www.riviera-evora.com

€€ | **Vila Galé** Luxushotel mit allem Komfort. ■ Av. Túlio Espanca, 7005-840 Évora, Tel. 266 75 81 00, www.vilagale.com

Mértola 151

€€ | **Horta da Quinta** Landgut etwas außerhalb, ökologische Produktion und Wellness-/Spabereich. ■ Quintã Além Rio, 7750-386 Mértola, Tel. 286 61 65 00, http://hortadaquinta.com

Alcoutim 152

€ | **Hotel d'Alcoutim** Am Ufer des Grenzflusses zu Spanien kleine, aber komfortable Zimmer und Schwimmbad; sehr engagiertes Personal, kein Restaurant. ■ Av. de Espanha 43, 8970-064 Alcoutim, Tel. 281 54 63 24

Alcácer do Sal 152

€€€ | **Pousada Castelo Alcácer do Sal** Hoch über dem Ort mit weitem Blick über die Landschaft schläft und speist es sich fürstlich. ■ R. do Castelo, 7580-197 Alcácer do Sal, Tel. 265 61 30 70, www.pousadas.pt

Sines 153

€€ | **Casa do Médico de São Rafael** Oberhalb des Stadtstrands neu errichtetes Komforthotel mit netten Zimmern und sehr angenehm gestalteten Aufenthaltsräumen. ■ Quinta de S. Rafael 36, 7520-266 Sines, Tel. 269 86 08 00, www.cmsrafael.com

Die Algarve – Urlaubsparadies

Gelber Sand, roter Fels, weiße Städte, blauer Himmel – diese »Zutaten« machen die Algarve zu einer der beliebtesten Sommerdestinationen

Die Felsalgarve westlich von Faro mit ihren kleinen, von Klippen gerahmten Sandbuchten ist eine perfekte Postkartenlandschaft. Weniger spektakulär, doch nicht weniger malerisch sind die langen Strände und Lagunen entlang der vorgelagerten Inseln östlich von Faro. An den Stränden geht es von Mai bis weit in den Oktober hoch her, den Golfschläger schwingen die Gäste aus aller Welt auf den Plätzen an der Algarve das ganze Jahr über. Wer Abwechslung von Sonne, Strand und Meer sucht, der findet in den Städten darüber hinaus zahlreiche Möglichkeiten, in die regionale Kunst und Kultur der Vergangenheit und Gegenwart einzutauchen. Hier erfährt man auch viel über die glorreiche Vergangenheit des Landes als herausragende Seefahrernation.

In diesem Kapitel:

ADAC Top Tipps:

10 Praia da Falésia, Albufeira
| Strand |
Den schönsten Strand der Algarve rahmen hohe rote, mit Pinien bewachsene Felsen, die in der Nachmittagssonne erglühen. 164

ADAC Empfehlungen:

22 Museu Municipal, Faro
| Museum |
Im Kreuzgang eines Klosters ist eine spektakuläre archäologische Sammlung untergebracht. 161

23 Praia do Carvoeiro, bei Portimão
| Strand |
Idyll pur – der Sandstrand liegt an einer Steilküste, an der sich kleine weiße Häuser hochziehen. 166

24 **A Sereia, Sagres**
| **Restaurant** |
Auf der Terrasse der einfachen Hafenkneipe auf dem Dach der Fischhalle von Sagres gibt es fangfrischen Fisch und Meeresfrüchte direkt vom Boot, köstlich gegrillt. 167

25 **Macdonald Monchique Resort & Spa, Monchique**
| **Hotel** |
Das Luxushotel inmitten der Serra de Monchique mit Blick auf die Algarve bietet alle Annehmlichkeiten – u.a. Restaurants, Pools und einen tollen Wellnessbereich. 168

Großbürgerliche Häuser säumen das Flussufer des Rio Gilão in Tavira

38 Tavira

Charmante Hafenstadt an der Mündung des Rio

Information

■ Posto de Turismo, Pr. da República 5, 8800-951 Tavira, Tel. 281 32 25 11, www.cm-tavira.pt

Das Städtchen hat sich seine Identität trotz der Nähe zur spanischen Grenze und dem Tagestourismus aus dem Nachbarland gut bewahren können. Großbürgerliche Häuser säumen die Flussufer, der große Stadtplatz Praça da República ist ein beliebter Treffpunkt der Einheimischen. Die sieben Bogen der alten Brücke sollen in Teilen noch aus römischer Zeit stammen, die Rekonstruktion fand im 17. Jh. statt. Der Rio Gilão ist sicherlich der kürzeste Fluss Portugals: Seinen Namen trägt er erst ab der Ponte Romana, davor fließt er als Rio Séqua aus der Serra do Caldeirão. Die vorgelagerte Lagunenlandschaft der Ria Formosa ist als Naturpark geschützt und Vogelparadies. Dort gleißen die noch aktiven Salinen in der Sonne, und die Muschelzucht versorgt die Restaurants der Stadt.

Sehenswert

Igreja da Misericórdia

| Kirche |

Die bedeutendste Renaissance-Kirche der Algarve entstand 1541–51 unter André Pilarte. Nach dem Erdbeben 1755 erhielt das Gotteshaus seinen heutigen Azulejoschmuck. Auch der Rokoko-Altar und das Chorgestühl stammen aus dieser Zeit.

■ R. Damião Augusto de Brito Vasconcelos 2, Mo–Sa 9–13, 14–18 Uhr

Castelo de Tavira

| Burg |

Das Kastell auf dem Stadthügel geht auf eine maurische Burg zurück, die die Portugiesen im 13. Jh. erobert hatten. Danach wurde sie in die Grenzverteidigung zu Spanien hin eingegliedert. Heute stehen noch Umfassungsmauern, ein Torbogen und Turmreste. Das Innere wurde zu einem hübschen Park umgestaltet, die Mauern sind begehbar.

■ L. Abu-Otmane, Mo–Fr 8–17, Sa, So 10–19 Uhr, Eintritt frei

Igreja de Santa Maria do Castelo

| Kirche |

Als gotischer Bau auf den Fundamenten einer Moschee errichtet, zerstörte das Erdbeben 1755 die Kirche fast vollständig. Beim Neubau in neoklassizistischem Stil wurde allerdings das ursprüngliche, vierfach gestufte Portal bewahrt. Im Inneren sind die Gräber von sieben Rittern erhalten, die die Mauren 1241 – trotz eines Waffenstillstands – hingemetzelt haben sollen.

■ R. Dom Paio Peres Correia 29, Mo–F 10–13, 14–17, Sa 10–13 Uhr

Restaurants

€ | **Tres Palmeiras** Terrassenlokal mit Hallencharakter und dem besten Grillfisch der Stadt, einfach, schnell, immer voll, und auf den Tisch kommt, was da ist (keine Karte!). ■ R. Vale Carangueijo, Tel. 281 32 58 40, Mo–Sa 12–15, 19–23 Uhr

€€ | **O Pátio** Schöne Dachterrasse mit kühlendem Wind, schnellem Service und einer Vielzahl feiner Vorspeisen, die am Tisch präsentiert werden; den Fisch wählt der Gast aus der Vitrine. ■ R. António Cabreira 30, Tel. 281 32 30 08, tgl. 18–2 Uhr

Kneipen, Bars und Clubs

Echo Open Air Nightclub & Lounge Angesagte Großdisco mit Tanzflächen, Bars und Restaurant für nächtelanges Durchfeiern. ■ R. Almirante Cândido dos Reis, www.echo.com.pt, nur im Sommer, ab 21 Uhr

In der Umgebung

Castelo de Castro Marim

| Burg |

Castro Marim war Hauptsitz der Christusritter bis zu deren Umzug nach Tomar (S. 93) im Jahr 1356. Aus dieser Zeit sind die mächtigen Mauern des Kastells auf dem flachen Hügel oberhalb des Städtchens erhalten.

■ 8950-133 Castro Marim, https://cm-castromarim.pt, tgl. 9–19, Winter bis 17 Uhr, 1,10 €

Ilha de Tavira

| Insel |

Die Insel ist in 20 Min. mit dem Boot erreichbar und lockt mit einem elf Kilometer langen Sandstrand, der als einer der schönsten der Algarve gilt; das Aqua-Taxi legt hinter der ehemaligen Markthalle am Südufer ab, für die Rückfahrt sollte man Wartezeit einkalkulieren

■ Juni–Sept. 9–20 Uhr stündlich, sonst eingeschränkt, Hin- und Rückfahrt 2 €

ADAC *Mittendrin*

Das alljährliche Stadtfest Taviras, **Dia da Cidade**, findet im Juni statt. Höhepunkte der Veranstaltung sind das nächtliche Sardinengrillen und -essen und das anschließende Fadokonzert am Hauptplatz.

39 Faro

Hauptstadt der Algarve und ihr Einfallstor

Die Praça Ferreira de Almeida in Faro mit blühenden Jacarandabäumen

Information

■ Posto de Turismo, R. da Misericórdia 8–12, 8000-269 Faro, Tel. 289 80 36 04, www.cm-faro.pt, www.visitalgarve.pt

Die meisten Algarve-Besucher kommen an Faros Flughafen an, und auch wenn nicht alle hier Urlaub machen, ist die Stadt ein Tourismusmagnet. Die Altstadt mit Kathedrale, Kloster, Museen und einer Vielzahl an Restaurants ist sehr reizvoll. In der näheren Umgebung befinden sich weitere Sehenswürdigkeiten wie die Schlossanlage von Estoi, die Laurentiuskirche und das Grabungsfeld von Mireu.

Sehenswert

1 Arco da Vila

| Historisches Gebäude |

Das neoklassizistische Tor hat Francisco Xavier Fabri Anfang des 19. Jh. entworfen. Unter dem in einer Nische wachenden Stadtheiligen Thomas von Aquin gelangt man durch den Durchgang in den Stadtwallring (13. Jh.).

■ R. da Misericórdia 8

2 Sé Catedral de Faro

| Kathedrale |

Den Largo da Sé begrenzen zum Westen hin der lang gestreckten Bischofspalast aus dem 18. Jh., an der Nordseite

Plan
S. 162

Bischofsseminar und Rathaus. Dominierendes Bauwerk ist aber der unverputzte Stummelturm der Kathedrale, einziges äußerlich verbliebenes Element der 1755 zerstörten gotischen Kirche. Das dreischiffige Innere wirkt licht, nur drei Säulenpaare tragen die breiten Bogen und Tunnelgewölbe. Die beiden Kapellen links und rechts neben den seitlichen Chorkapellen zeigen noch ihre gotischen Gewölbe aus dem 13. Jh. Von der Aussichtsplattform des Glockenturms hat man einen fantastischen Blick über die Stadt und die Lagune.

■ L. da Sé 11, Di–Fr 10–18.30, Sa 9.30–13, Winter bis 18 Uhr, 3 €

3 Museu Municipal de Faro

| Museum |

22 *Archäologie in einem Kloster aus dem 16. Jahrhundert*

Das städtische Museum im Convento de Nossa Senhora da Assunção beherbergt die bedeutendste archäologische Sammlung an der Algarve. Das Klarissenkloster besitzt einen der schönsten Renaissance-Kreuzgänge des Landes. Zu sehen sind u.a. Marmorkapitelle, römische Mosaiken und eine wertvolle kleine Hadriansbüste aus dem 2. Jh. v. Chr.

■ Pr. Dom Afonso III 14, Tel. 289 87 08 29, Di–Fr 10–19, Sa, So 11.30–18, Winter bis 18/17 Uhr, 2 €

4 Arco do Repouso

| Historisches Gebäude |

Das doppelte »Tor der Rast« hinter der Kathedrale stammt aus dem 11. Jh. und führt in das ehemalige maurische Viertel und zum Largo de São Francisco.

■ R. do Repouso 3

5 Igreja de São Francisco

| Kirche |

Das einschiffige Innere der Kirche des Dritten Ordens der Franziskaner (17. Jh.) zieren wertvolle Azulejos (18. Jh.).

■ L. de São Francisco 51, Mo–Fr 9–12, 17.30–18.30 Uhr, Eintritt frei

6 Museu Regional do Algarve

| Museum |

Das ethnografische Museum zeigt Exponate zum Leben an der Algarve, darunter altes Werkzeug, Möbel und zahlreiche Fotografien. Außerdem ist die Einrichtung eines typischen Algarve-Hauses, eines Ladens sowie einer Taverne zu sehen.

■ R. do Pé da Cruz 4, Tel. 289 87 08 93, Di–Fr 10–18, Sa bis 16.30 Uhr, 2 €

Restaurants

€ | **A Venda** Salate, »petiscos« und leckere Fleisch- und Fischteller. ■ R. Compromisso 60, Tel. 289 82 55 00, Di–Sa 12.30–16, 19–24 Uhr, Plan S. 162 nördl. a1

€€ | **Chefe Branco** Fleisch, Schnecken, Muscheln, Fisch – und »cataplana« (Fischeintopf). ■ R. de Loulé 9, Tel. 289 80 75 84, tgl. 11–23 Uhr, Plan S. 162 nördl. a1

Cafés

Vila Adentro Café in historischem Gebäude mit Azulejos. ■ Pr. do Afonso III 17, Tel. 289 05 21 73, www.vilaadentro.pt, tgl. 9–24 Uhr, Plan S. 162 nördl. a1

Kinder

Jardim da Alameda João de Deus Im schattigen Stadtpark können sich die Kinder zwischen stolzierenden Pfauen und Tiergehegen auf dem Spielplatz und beim Minigolf erholen. ■ R. da Policia da Seguranca Publica 1, Sommer 7.30–20, Winter bis 18 Uhr, Plan S. 162 östl. c1

In der Umgebung

Ilha de Faro

| Insel |

Die vorgelagerte Insel mit der Praia de Faro erreicht man per Bus, Pkw und Rad. Die Avenida Poente ist beidseits fast vollständig mit Wochenendhäusern zugebaut. Der Strand ist dennoch schön und mit Infrastruktur versehen.

■ Buslinie 16 ab Busbahnhof, Buslinie 17 von Penha, www.proximo.pt, einfach 2,25 €

Palácio de Estoi

| Schloss |

Das »Kleine Versailles« an einem Hang ist nach Süden Richtung Meer ausgerichtet. Ende des 18. Jh. ließ Visconde de Estoi die Rokoko-Anlage erbauen und den Lustgarten mit Brunnen, Spalieren, Wegen, Treppen und azulejogeschmückten Bänken ausstatten. Heute ist im Palast ein Pousada-Hotel untergebracht. Der Garten darf nach Anmeldung bei der Rezeption besichtigt werden.

■ R. de São Jose, Estoi, www.pousadas.pt

Igreja de São Lourenço de Matos

| Kirche |

Die Kirche bei Almancil besticht durch ihren reichen Azulejoschmuck mit Szenen aus dem Leben des hl. Laurentius. Die Kirche selbst entstand im 16. Jh. Die Fliesen hat Antonio Oliveira Bernades 1730 bemalt und gebrannt.

■ R. da Igreja, 8135-027 Almancil, Mo 14.30–17, Di–Sa 10–13, 14.30–17 Uhr, 2,50 €

Olhão

| Ortschaft |

Der Ort an der Lagune Ria Formosa lädt zu einem Bummel ein. Enge Beziehungen an die nordafrikanische Küste sorgten für den ganz eigenen Baustil, der fast maghrebinisch anmutet.

ADAC *Mobil*

Die **Ilha da Culatra** im Parque Natural da Ria Formosa ist nur mit dem Boot von Olhão aus zu erreichen. Durch das Dorf wandert man über die Dünen zum Sandstrand (einige bewirtschaftete Abschnitte). Boote verkehren Juni–Okt. tgl. 5–10 Mal, Fahrtzeit 30 Min., Hin- und Rückfahrt 5 €.

40 Loulé

Ländlicher Alltag im Hinterland mit maurischer Vergangenheit

Information

■ Posto de Turismo, Av. 25 Abril 9, 8100-506 Loulé, Tel. 289 46 39 00, www.cm-loule.pt

Auch die Algarve ist letztlich Bauernland, und Loulé eines der Zentren. Weiße Hausfassaden, Gassen und eine gemächliche Atmosphäre machen Loulé zu einem schönen Ausflugsziel.

Sehenswert

Castelo de Loulé

| Burg |

Das Kastell geht auf die Mauren zurück. Das Museu Municipal zeigt Funde aus römischer und maurischer Zeit und beleuchtet die Stadtgeschichte.

■ R. Dom Paio Peres Correia 17, Di–Fr 10–18, Sa 10–17, Winter Di–Fr 9.30–17.30, Sa 9.30–16 Uhr, 1,70 €

Ermida Nossa Senhora da Conceição

| Kirche |

Das Kirchlein neben der Burg kann man fast übersehen. Die Wände sind mit Azulejos bedeckt, die Chorseite nimmt ein Talha-Dourada-Altar ein.

■ R. Dom Paio Peres Correia 20, Di–Fr 10–18, Sa 10–17 Uhr, Eintritt frei

Restaurants

€ | **O Pescador** Fischküche zu günstigen Preisen neben der Markthalle.

■ R. Jose Fernandes Guerreiro 54, Tel. 964 02 62 77, Di–So 12–15, 18.30–22 Uhr

41 Albufeira

Weiße Stadt und herrliche Strände für perfekte Urlaubsfreuden

Information

■ Posto de Turismo, Estr. de Santa Eulália, 8200-269 Albufeira, Tel. 289 51 59 73, www.cm-albufeira.pt

Albufeira ist so etwas wie ein Synonym für die Südküste Portugals. Weiß-blaue Häuser, Gassen voller Cafés und ein Strand, wie er schöner nicht sein könnte. Hinzu kommen Sport, Unterhaltung und ein pralles Nachtleben. Die kulturellen Sehenswürdigkeiten geraten da automatisch etwas ins Hintertreffen.

Sehenswert

Museu Municipal de Arqueologia

| Museum |

Das kleine Archäologie- und Geschichtsmuseum beschäftigt sich mit der Siedlungsgeschichte der Region.

■ Pr. da República 1, Tel. 289 59 95 08, Mi–Fr 9.30–17.30, Sa, So, Di 9.30–12.30, 13.30–17.30 Uhr (Juli/Aug. Do, Fr 14–22 Uhr), 1 €

Praia do Peneco

| Strand |

Der Stadtstrand mit feinem Sand gehört zu den beliebtesten der Region, ist es doch zu den Ferienwohnungen, zu Restaurants und Bars nicht weit.

Restaurants

€€ | **Casa da Fonte** Hier gibt es »cataplana« (Fischeintopf). ■ R. João de Deus 7, Tel. 289 51 45 78, http://restaurantebarcasadafonte.pt, tgl. 12–24 Uhr

In der Umgebung

Praia da Falésia

| Strand |

10 *Schönster Strand der Algarve an steiler roter Felswand*

Die Praia da Falésia östlich von Albufeira besteht aus einem langen, schmalen Sandstreifen unterhalb einer roten,

Die Rua 5 de Outubro ist die Haupt-Einkaufsmeile von Albufeira

mit Pinien bewachsenen Felswand. Am Zugang gibt es eine Bar, Schirme und Liegen können gemietet werden.

42 Silves

Die alte Hauptstadt der maurischen Provinz Al-Gharb mit mächtiger Burg

Information

■ Posto de Turismo, Estr. Nacional 124, 8300-184 Silves, Tel. 282 09 89 27, www.cm-silves.pt

Abseits der Strände und Hotels zehrt Silves von den Erinnerungen an die Zeit als Gouverneurssitz der Kalifatsprovinz Al-Gharb (Algarve). Heute ist es weniger spektakulär, nur die mächtige Burg kündet von der einstigen Bedeutung. Die Anlage ist fast vollständig so erhalten, wie Mauren sie im 12. und 13. Jh. errichtet hatten.

Restaurants

€ | **A Barbinha** Hier kann man sich zu sehr fairen Preisen an »petiscos« (Vorspeisen) sattessen. ■ R. Elias Garcia 13, Tel. 282 44 27 25, Mo–Sa 8–24 Uhr

43 Portimão

Touristisches Zentrum der westlichen Algarve mit herrlichen Stränden

Information

■ Post de Turismo, L. 1º Dezembro, 8500-802 Portimão, Tel. 282 40 24 87, www.cm-portimao.pt

Fast 300 Meter tief und über einen Kilometer lang ist der Hauptstrand der

ADAC *Spartipp*

Mit dem **Passe Turistico** für 37,50 € kann man eine Woche lang mit den Bussen der Firmen Eva und Frota Azul Algarve an der Algarve unbeschränkt überland reisen (30,10 € für 3 Tage). *http://eva-bus.com*

Stadt am Rio Arade. Dahinter türmt sich die Skyline der Hotel- und Apartmenthochhäuser auf, die in den 1970er- und 80er-Jahren entstanden.

Sehenswert

Museu de Portimão
| **Museum** |
Das Geschichtsmuseum in einer ehemaligen Sardinenkonservenfabrik entführt in Prähistorie und Antike, in islamische Zeiten, ins Mittelalter und beleuchtet Aspekte wie die Bedeutung des bäuerlichen Hinterlands und der Fischerei.

■ R. D. Carlos I, Tel. 282 40 52 30, www.museudeportimao.pt, Di 19.30–23, Mi–So 15–23, Winter Di 14.30–18, Mi–So 10–18 Uhr, 3 €

Praia da Rocha
| **Strand** |
Der »Felsstrand« gehört zu den schönsten an der Algarve. Er ist so riesig, dass sich auch die Hotelburgen schwertun, ihn im Sommer zu füllen.

Restaurants

€ | **Ziza** Einfaches, kleines Lokal, mittags kommen die Angestellten zum Lunch, abends die Familien zum Sardinenessen. ■ R. Judice Fialho 20, Tel. 966 82 85 66, Mo–Sa 11–16.30, 18.30–24 Uhr

Vor einer schöneren Kulisse kann ein Strand kaum liegen: Praia do Carvoeiro

€€€ | **Bon Bon** Rustikal-elegant eingerichtetes Lokal mit einem Michelin-Stern. ■ R. Cabeço de Pias, Bloco 5, 8400-525 Carvoeiro, Tel. 282 34 14 96, www.bonbon.pt, Do–Di 18.30–22.30 Uhr

In der Umgebung

Praia do Carvoeiro

| Strand |

23 *Die kleine Bucht liegt überaus idyllisch und ist zum Verlieben*

An den Hängen umgeben weiße Häuser mit bunten Farbabsetzungen die wunderschöne kleine Bucht und lassen einen fast intimen Strand entstehen. Natürlich ächzt auch die Praia do Carvoeiro in der Hochsaison unter dem Ansturm sonnenhungriger Urlauber, doch im Frühsommer und im September ist es hier herrlich.

44 Lagos

Malerisches Gassengewirr und die schönsten Buchten der Felsalgarve

Information

■ Posto de Turismo, Pr. Gil Eanes, 8600-668 Lagos, Tel. 282 76 30 31, www.cm-lagos.pt

Tief schneidet der Kanalhafen ins Land und bildet die östliche Grenze von Lagos. Jenseits der Kanalpromenade erstreckt sich die Altstadt. Die mit Stränden durchsetzte Felsküste ist das Kapital von Lagos. Wer Strandspaziergänge liebt, wird an der Meia Praia und an der anschließenden, der Lagune von Odiáxere vorgelagerten Praia do Alvor im Osten fündig.

Sehenswert

Mercado de Escravos

| Museum |

Auf der Praça Infante Dom Henrique sitzt Heinrich der Seefahrer auf einem Stuhl und blickt in Erwartung seiner Schiffe über das Meer. Das Gebäude des ehemaligen Sklavenmarkts erinnert an die unrühmliche Rolle der Stadt beim Sklavenhandel.

■ Pr. Infante Dom Henrique 1, Di–So 10–12.30, 14–17.30 Uhr, 3 €

Igreja de Santo António

| Kirche |

Durch das kuriose Museum, in dem ein bisschen von so ziemlich allem zu sehen ist, gelangt man in die Kapelle. Sie ist gefüllt mit barockem, vergoldetem Schnitzwerk und Azulejos.

■ R. General Alberto da Silveira, Di–So 10–12.30, 14–17.30 Uhr, 3 €

Praia da Batata und Praia dos Estudantes

| Strände |

Wer Sand und azurblaues Wasser mag, wird die beiden Strände am Westende von Lagos lieben. Wer sich weiter nach Süden begibt, gelangt an der Praia Dona Ana vorbei zu den zerklüfteten Felsen der Ponta da Piedade beidseits des Leuchtturms.

Restaurants

€ | **Adega da Marina** Günstige und gute Fischgerichte. ■ Av. dos Descobrimentos 35, Tel. 282 76 42 84, tgl. 12–2 Uhr

€€ | **MAR** Leckere Gerichte oberhalb des Strands. ■ Av. dos Descobrimentos, Praia dos Estudantes, Tel. 282 78 80 06, tgl. 10–23 Uhr

45 Sagres

Der südwestlichste Punkt Europas ist vor allem ein Surferparadies

Information

■ Posto de Turismo, R. Comandante Matoso, 8650-357 Sagres, Tel. 282 62 48 73, www.cm-viladobispo.pt

Weiter geht nicht! Hohe Klippen und ein endloser Himmel sind der Cocktail von Sagres. Getrunken wird er mit Vorliebe von der Surfgemeinde.

Sehenswert

Fortaleza de Sagres

| Burg |

Von der Festung am Cabo Sagres stehen nur noch die Umfassungsmauern, ein Kirchlein (16. Jh.) und die ehemaligen Pferdeställen. Die 1919 unter dem Rasen der Burg entdeckte Windrose soll aus dem 16. Jh. stammen.

■ R. da Fortaleza, tgl. 9.30–20, Winter bis 17.30 Uhr, 3 €

Der Cabo de São Vicente ist der südwestlichste Punkt Europas

Restaurants

24 €€ | **A Sereia** Auf der Dachterrasse der Hafenhalle kommt der Fisch so frisch wie kaum sonst auf den Tisch. ■ Porto de Pesca da Baleeira, Tel. 282 10 96 82, Mo–Fr 8–19, Sa 8–12 Uhr

In der Umgebung

Cabo de São Vicente

| Landschaft |

Am südwestlichsten Punkt Europas sollen schon 1520 Mönche einen Leuchtturm betrieben haben, der Nachfolgebau wurde 1606 errichtet. Das heutige Bauwerk stammt von 1856.

Übernachten

Außerhalb der Saison kann man an der Algarve auch in Strandhotels günstig unterkommen. Im Hochsommer, wenn alles aus den Nähten platzt, wird man in die Stadthotels abseits des Meeres ausweichen oder ins Hinterland fahren.

Tavira 158

€ | **Princesa do Gilão** Kleines, modernes Hotel am Flussufer nahe der römischen Brücke. ■ R. Borda d'Água Aguiar 10, 8800-326 Tavira, Tel. 281 32 51 71, http://hotelprincesadogilao.com

€€€ | **Vila Galé Albacora** Großhotel der Komfortkategorie mitten im Naturschutzgebiet am Strand. ■ Quatro Águas, 8800-901 Tavira, Tel. 281 38 08 00, www.vilagale.com

Faro 160

€€€ | **Faro Boutique Hotel** Sehr gute Lage an Hafen und Altstadt, kleine Zimmer, empfehlenswert für einen kürzeren Stadtaufenthalt. ■ R. do Bocage 66, 8000-297 Faro, Tel. 289 03 73 00, www.faroboutiquehotel.pt

Albufeira 164

€€ | **Velamar Budget Boutique Hotel** Etwas außerhalb gelegenes Hotel mit Komforteinrichtung. ■ Estr. de Albufeira, 8200-635 Olhos de Água, Tel. 289 59 01 00, www.velamarhotel.net

Silves 165

€ | **Colina Dos Mouros** Für einen Stadtbesuch ideal gelegenes Hotel. ■ Pocinho Santo, 8300-999 Silves, Tel. 282 44 04 20, www.colinahotels.com

25 €€ | **Macdonald Monchique Resort & Spa** Man achte auf die Sonderangebote des Fünf-Sterne-Luxusresorts in toller Lage mit allen erdenklichen Annehmlichkeiten. ■ L. do Montinho, 8550-232 Monchique, Tel. 282 24 01 30, www.macdonaldmonchique.com

Lagos 166

€€ | **Carvi Beach Hotel** Hotel in fantastischer Lage oberhalb des Strands. ■ Praia Dona Ana, 8600-500 Lagos, Tel. 282 76 20 26, www.carvibeachhotellagos.com

Sagres 167

€€€ | **Martinhal Resort** Familienhotel der Luxusklasse am Strand. ■ Quinta do Martinhal, 8650-908 Sagres, Tel. 282 24 02 00, www.martinhal.com

ADAC *Das besondere Hotel*

Convento Ein ehemaliger Konvent in der Altstadt, neun herrliche Zimmer um einen Innenhof, eine Dachterrasse mit Aussicht, ein Pool und eine Familie, die ihr Herzblut in das Hotel, seine Entstehung und Ausstattung gesteckt hat – das sind die Ingredienzien für einen perfekten Aufenthalt. *€€ | Travessa António Bento 10, 8700-132 Olhão, Tel. 912 46 32 33, www.conventoolhao.com*

ADAC *Service Portugal*

Beim **ADAC Infoservice**, in den **ADAC Geschäftsstellen** sowie auf dem **Internetportal des ADAC** (adac.de) erhalten Sie Informationen zu den Dienstleistungen des Automobilclubs und zu Ihrem Reiseziel. Als **ADAC Mitglied** können Sie zudem das kostenlose **ADAC TourSet® Portugal** mit vielen Reiseinfos und Karten anfordern oder die **TourSet App** auf dem **Smartphone** oder **Tablet-PC** installieren (adac.de/toursetapp).
Rufen Sie bei Notfällen und Pannen den **ADAC Notruf** bzw. den **ADAC Auslandsnotruf** an. Unser Team steht Ihnen rund um die Uhr zur Verfügung.

ADAC Infoservice

Tel. 0800/510 11 12
Infos zu allen ADAC Leistungen
(Mo–Sa 8–20 Uhr, gebührenfrei)

ADAC Notruf Deutschland

Tel. 0180/222 22 22
(24 Std., ca. 6 ct/Anruf, max. 42 ct/Min. aus deutschem Mobilfunknetz)

ADAC Notruf Mobil-Kurzwahl

Tel. 22 22 22
(Gebühren variieren je nach Netzbetreiber)

ADAC Auslandsnotruf

Tel. +49/89/22 22 22
(Gebühren variieren je nach Netzbetreiber und Land)

Internet-Serviceangebote des ADAC für Ihre Reiseplanung

Service	**Webadresse**
Aktuelle Verkehrslage	adac.de/verkehr
ADAC Routenplaner	adac.de/maps
Infos zu Tankstellen und Spritpreisen	adac.de/tanken
Infos zu mautpflichtigen Strecken	adac.de/maut
Infos zu Fährverbindungen	adac.de/faehren
ADAC TourMail (Aktuelle Infos vor Anreise)	adac.de/tourmail
Informationen für Camper	adac.de/camping
Informationen für Motorradfahrer	adac.de/motorrad
Informationen für Segler und Skipper	adac.de/sportschifffahrt
ADAC Reiseangebote	adacreisen.de
ADAC Autovermietung	adac.de/autovermietung
ADAC Versicherungen für den Urlaub	adac.de/versicherungen
Weltweite Preisvorteile für ADAC Mitglieder	adac.de/vorteile-international

Diese **Produkte des ADAC** könnten Sie interessieren: **ADAC Reiseführer Lissabon**, **ADAC Reiseführer Algarve** und **ADAC Reiseführer Madeira** – erhältlich im Buchhandel, bei den ADAC Geschäftsstellen und in unserem ADAC Online-Shop (adac.de/shop).

Anreise und Einreise

Auto

2300 Kilometer sind es von Frankfurt/Main nach Lissabon, fast durchweg auf mautpflichtigen Straßen, sodass zu den Fahrzeug- und Treibstoffkosten noch fast 170 € Straßennutzungsgebühren für die einfache Strecke hinzukommen. Darüber hinaus fällt auch für die Strecke durch Italien und Spanien Maut an. Drei Etappen sollte man für die Anreise mindestens rechnen, zur Hauptreisezeit u.U. auch vier.

Bahn und Bus

Die Bahn bietet keine Direktverbindungen, auf der schnellsten Strecke muss man mindestens viermal umsteigen. Die Fahrt über Straßburg, Barcelona und Madrid dauert ca. 30 Stunden und kostet etwa 300 € mit Schlafwagen in Spanien. Alternativ nimmt man von Deutschland den ICE nach Paris Est (3–5 Std.), wechselt auf dem Bahnhof Paris Montparnasse in den TGV Atlantique nach Irún/Spanien (5 Std.), übernachtet dort und nimmt dann den Nachtzug Sud Expresso nach Lissabon (13 Std.) – für die Gesamtstrecke um 300 €. ■ www.bahn.de, https://de.voyages-sncf.com, https://venta.renfe. com, www.cp.pt

Die Busse von Eurolines fahren von zahlreichen mitteleuropäischen Städten in das südwestliche Europa. Die einfache Fahrt von Frankfurt/Main nach Lissabon dauert etwa 40 Stunden und kostet um 140 €, Hin- und Rückfahrt um 210 €. ■ www.touring.de

Flugzeug

Günstigste Möglichkeit der Anreise ist das Flugzeug. Viele Gesellschaften fliegen aus Deutschland, Österreich und der Schweiz nach Lissabon, Porto und nach Faro an der Algarve. Je nach Saison und Vorausbuchungszeit kosten Hin- und Rückflug zwischen 100 und 400 €. Die Flugzeiten betragen von Frankfurt/Main nach Porto (OPO) etwa 160 Min., nach Lissabon (LIS) 180 Min. und nach Faro (FAO) 195 Min.

Einreise und Dokumente

Portugal gehört zum Schengenraum, Grenzkontrollen erfolgen nur sporadisch. Für die Einreise von Deutschen, Österreichern und Schweizern ist ein noch mindestens drei Monate gültiges Ausweisdokument nötig (Personalausweis, Reisepass). Für Kinder bis zum vollendeten zwölften Lebensjahr genügt ein Kinderreisepass. Bei Flügen ist das Ausweisdokument beim Check-in verpflichtend vorzulegen. Die Anfertigung einer Fotokopie der Reisedokumente wird empfohlen, um bei Verlust besser abgesichert zu sein.

Auto und Straßenverkehr

Führerschein und Papiere

In Portugal genügt an Fahrzeugpapieren für in Mitteleuropa zugelassene Fahrzeuge die nationale Zulassung (Zulassungsbescheinigung Teil I, ehemals Fahrzeugschein); es wird aber empfohlen, die grüne Versicherungskarte mitzuführen. Der nationale Führerschein ist zum Führen eines Kfz ausreichend. Nimmt der Halter eines Fahrzeuges nicht an der Reise teil, ist seine schriftliche Bestätigung, dass der Fahrer den Wagen rechtens bewegt, sinnvoll (Vollmacht ist bei den Automobilclubs erhältlich). Fahrzeuge aus der Schweiz (und alle, die kein EU-Nummernschild besitzen) benötigen ein separates Länderkennzeichen.

Straßennetz und Sicherheit

Das Straßennetz ist sehr gut ausgebaut und in vorbildlichem Zustand. Neben den **mautpflichtigen Autobahnen** gibt es ausgezeichnete Überlandstraßen. Abgelegenere Straßen in gebirgigen Gegenden können schmal sein, sodass mit erhöhter Vorsicht gefahren werden muss. Über Land ist das Verkehrsaufkommen relativ niedrig, in Großstädten sehr intensiv. In Lissabon und Porto sollte man das Fahrzeug so schnell wie möglich abstellen.

Verkehrsvorschriften

Es besteht eine **Warnwestenmitführpflicht** für Fahrer und jeden Mitfahrer (Tragepflicht bei Unfall oder Panne). Die Grenze für die Blutalkoholkonzentration liegt bei **0,5 Promille**. Ab einem Wert von 1,2 Promille werten die Gerichte Trunkenheit am Steuer als Straftat und verhängen bis zu ein Jahr Haft. Motorräder müssen tagsüber mit Abblendlicht fahren, es besteht Helmpflicht. Bei Missachtung der Verkehrsvorschriften drohen hohe Bußgelder.

Tempolimits

In kleineren Ortschaften mit Durchgangsstraße(n) sind spezielle Ampeln mit Radar gekoppelt. Nähert sich ein Fahrzeug zu schnell, wird es durch Rotschaltung zum Anhalten gezwungen. Bemannte Radarkontrollen sind relativ häufig, die Strafen bei Geschwindigkeitsübertretung drastisch.

Tempolimits in Portugal

Straße	Tempolimit
Autobahn	max. 120 km/h
Landstraße	90/100 km/h
Ortschaft	max. 50 km/h

Tanken

Das Tankstellennetz ist gut und an Überlandstraßen und Autobahnen meist 24 Stunden offen. An Wochenenden haben Tankstellen auf dem Land häufig geschlossen. Das Niveau der Treibstoffpreise liegt etwa zehn Prozent über dem Mitteleuropas.

- Gasolina sem chumbo 95 = Bleifrei 95 Oktan
- Gasolina sem chumbo 98/Super com aditivo = Bleifrei 98 Oktan
- Diesel/Gasóleo = Dieselkraftstoff
- LPG/GPL (Gaz de Petróleo Liquefeit) = Autogas

Parken

In Lissabon und Porto sind Parkplätze ausgesprochen rar. Man muss **Parkhäuser** aufsuchen, die relativ teuer sind. Bei Parkverstößen kann eine Parkkralle zum Einsatz kommen. Blau markierte Randstreifen weisen auf gebührenpflichtiges Parken hin (Automaten für Münzeinwurf), gelbe Linien signalisieren Halte- und Parkverbot. Bußgeldbescheide werden auch in den Heimatländern vollstreckt.

Maut

Es existieren zwei Mautstraßensysteme. Das erste erlaubt elektronische Zahlung in der Fahrspur **Via Verde** und Barzahlung an Mauthäuschen. Das zweite ist mit dem Hinweis »electronic toll only« gekennzeichnet und erfordert die vorherige Anmeldung des Fahrzeugs über das Nummernschild oder ein im Fahrzeug verbautes elektronisches Gerät – die **Tollbox**. Verirrt man sich ohne Anmeldung oder Gerät auf eine Mautstraße, wird das Nummernschild fotografiert und ein Bußgeld verfügt. Die meisten Mietwagen sind mit der Tollbox ausgerüstet, die

auch die Maut des ersten Systems abrechnet.
Beste Möglichkeit für Fahrzeuge aus dem Ausland ist **EASY-Toll**. An den Grenzübergängen A28 (Viana do Castelo), A24 (Chaves), A25 (Vilar Formoso) und A22 (Vila Real de Santo António) hält man unmittelbar nach der Kontrolle am Welcome-Point und steckt die Kreditkarte (nur Mastercard und Visa) in den Automaten, der das Kennzeichen automatisch erfasst. Die Quittung dient als Nachweis, dass das Fahrzeug im System ist und die Gebühren abgebucht werden (maximal 30 Tage gültig). EASY-Toll gilt nicht für die Via Verde des ersten Systems.

Unfall

Nach einem Unfall sollten Sie sofort anhalten, die Unfallstelle absichern und **Erste Hilfe** leisten. Bei Personenschaden ist zwingend die Polizei zu verständigen (Notruf: 112). Unbedingt Kennzeichen, Name und Anschrift von Fahrern und Haltern der beteiligten Fahrzeuge sowie deren Haftpflichtversicherung und Versicherungsnummer notieren. Außerdem Name von (möglichst neutralen) Unfallzeugen festhalten und die Unfallstelle fotografieren. Unterzeichnen Sie keine fremdsprachigen Schriftstücke, deren Inhalt Sie nicht verstehen.
Ihre **Schadenersatzansprüche** können Sie entweder bei der gegnerischen Versicherung in Portugal oder über einen Regulierungsbeauftragten der portugiesischen Haftpflichtversicherung in Deutschland geltend machen, den Ihnen der Zentralruf der Autoversicherer vermittelt.

■ Zentralruf der Autoversicherer, Glockengießerwall 1, 20095 Hamburg, Tel. 0800/25 02 600, www.gdv-dl.de

Verkehrsschilder

Die Beschilderung entspricht europäischen Standards, manche Schilder tragen zusätzliche Erklärungen: Alto – Halt; Atenção/Cuidado – Achtung/Vorsicht; Curva perigosa – gefährliche Kurve; Estacionamento proibido – Parken verboten; Zona pedonal – Fußgängerzone; Aberta/fechada – Offen/geschlossen; Desvio – Umleitung.

Barrierefreies Reisen

Portugal entwickelt sich nur sehr langsam zu einem Ziel mit wenigstens teilweise barrierefreien Zugängen. In Lissabon und Porto sind Trambahnen und Busse nur vereinzelt mit einem behindertengerechten Zugang ausgestattet, die U-Bahn-Höfe besitzen etwa zur Hälfte Lifte. Gut ausgestattet sind hingegen die modernen Züge der portugiesischen Eisenbahnen.
Gehsteige sind an Kreuzungen fast nie abgesenkt, die Pflasterungen kleinteilig und sehr holprig. Viele Bereiche der Altstädte sind nur über Treppen und steile Gassen erreichbar, sodass Rollstuhlfahrer ohne Begleitung nur selten zurechtkommen. Behindertengerechte Taxis in den Großstädten sind eher rar und müssen langfristig vorbestellt werden.
Auf dem portugiesischen Festland gibt es immerhin etwa 200 Strände mit behindertengerechten Zugängen (»Praia Acessível – Praia para Todos«). Eine Liste findet man auf der Website des »Nationalinstituts für Rehabilitation« (www.inr.pt).
Portugals Behinderte sind in der Associação Portuguesa de Deficientes zusammengeschlossen, deren Website ist allerdings nur auf Portugiesisch verfügbar (www.apd.org.pt).

Diplomatische Vertretungen

Auslandsvertretungen des Heimat landes helfen, wenn Reisedokumente verloren gingen, oder vermitteln, falls es Probleme mit Behörden gibt.

Deutschland

■ Botschaft Lissabon, Campo dos Mártires de Pátria 38, 1169-043 Lissabon, Tel. 218 81 02 10, www.lissabon.diplo.de
■ Honorarkonsulat Porto, Av. Sidónio Pais 379, 4100-468 Porto, Tel. 226 10 81 22
■ Honorarkonsulat Lagos, R. António Crisógno dos Santos 29/Bloco 3, 8600-678 Lagos, Tel. 282 79 96 68

Österreich

■ Botschaft Lissabon, Av. Infante Santo 43/IV, 1399-046 Lissabon, Tel. 213 94 39 00, www.bmeia.gv.at/oeb-lissabon
■ Honorarkonsulat Porto, R. Agostinho da Silva Rocha 844, 4475-451 Nogueira (Maia), Tel. 933 14 70 54

Auf den Märkten Portugals gibt es immer eine große Auswahl frischen Obsts

■ Honorarkonsulat Albufeira, Beco de Gil Vicente Nr. 4 r/c, 8200-009 Albufeira, Tel. 919 26 89 64

Schweiz

■ Botschaft Lissabon, Travessa do Jardim 17, 1350-185 Lissabon, Tel. 213 94 40 90, www.eda.admin.ch/lisbon

Einkaufen und Märkte

Jede Stadt (und in größeren Städten jedes Viertel) besitzt einen Markt mit einer großen Auswahl an frischen Lebensmitteln. Meist erhält man auch einen günstigen Imbiss. In den Touristenzentren sind vermehrt Stände vorhanden, die Mitbringsel in unterschiedlicher Qualität anbieten. Auf den Märkten ist bei Lebensmitteln das Handeln unüblich. In größeren Lebensmittelgeschäften und Supermärkten zieht man an den Fleisch- und Käsetheken eine Nummer und wartet, bis diese aufgerufen wird.

Feiertage

1. Januar (Ano Novo), Faschingsdienstag/Entrudo, Karfreitag/Sexta-Feira Santa, 25. April (Tag der Revolution/Dia da Liberdade), 1. Mai (Tag der Arbeit/Dia do Trabalhador), 10. Juni (Nationalfeiertag/Dia de Portugal), 12. Juni (nur in Lissabon, Tag des Stadtpatrons Santo António/Dia de Santo António), Fronleichnam/Corpo de Deus, 24. Juni (nur in Porto und Évora, Tag des Stadtpatrons São João/Dia de São João), 15. August (Mariä Himmelfahrt/Assunção de Nossa Senhora), 5. Oktober (Tag der Republik/Implantação da República), 1. November (Allerheiligen/Dia de Todos os Santos), 1. Dezember (Gedenktag der Restaura-

tion 1640/Restauração da Independência), 8. Dezember (Mariä Empfängnis/Dia da Imaculada Conceição), 25. Dezember (Weihnachten/Natal).

Geld und Währung

Landeswährung ist der Euro. Der Wechselkurs zum Schweizer Franken beträgt 1 CH = 0,86 € bzw. 1 € = 1,16 CHF. Das Preisniveau auf dem Land und in kleineren Städten ist etwa 25 Prozent niedriger als in Mitteleuropa, in Lissabon, Porto und an der Algarve insbesondere zur Hochsaison in etwa vergleichbar oder etwas höher.
Banken sind Mo–Fr von 8.30–15 Uhr geöffnet. Mit **girocard** und **Kreditkarten** kann man bei vielen Filialen an Geldautomaten (Caixautomática) unter Eingabe der Geheimnummer rund um die Uhr Geld abheben. Die Auszahlung ist gebührenpflichtig. Viele Geschäfte, Hotels, Restaurants und Tankstellen akzeptieren ebenfalls Kartenzahlung. Manche Geschäfte verlangen einen Mindestbetrag (10 oder 20 €).
Bei **Kartenverlust** wenden sich deutsche Karteninhaber an den zentralen Sperrnotruf unter Tel. +49/ 116 116. Österreichern und Schweizern steht kein zentraler Sperrnotruf zur Verfügung.

Kosten im Urlaub

(durchschnittliches Preisniveau)

Tasse Kaffee	0,75–2 €
Softdrink (Limonade)	1–2,50 €
Glas Bier (0,4 Liter)	2–3,50 €
Glas Wein (0,2 Liter)	1,50–3 €
Hauptgericht (Restaurant)	8–12 €
Eintritt staatl. Museum	6 €
Mietwagen / Tag	25–40 €

Gesundheit

Impfungen sind bei Einreise aus Europa nicht vorgeschrieben. Das portugiesische Gesundheitssystem entspricht hohen Standards. Viele Ärzte sprechen Englisch. Bei Vorlage einer **Europäischen Krankenversicherungskarte** haben EU-Bürger und Schweizer Anspruch auf die gleichen kostenlosen Leistungen wie Portugiesen mit gesetzlicher Pflichtversicherung. Insbesondere bei Zahnbehandlungen sowie bei manchen Medikamenten ist jedoch mit höheren Zuzahlungen zu rechnen. Daher ist das Abschließen einer **Auslandskrankenversicherung** empfehlenswert. Wenn Sie einen Arzt benötigen, fragen Sie an der Hotelrezeption. An staatlichen Kliniken ist mit längeren Wartezeiten zu rechnen. Die Website der **Dienstapotheken** (www.farmaciasdeservico.net) listet offene Apotheken und solche mit 24-Stunden-Service auf. Per Gesetz müssen sie auch Rezepte aus anderen EU-Ländern akzeptieren.
Wer nach Portugal reist, sollte Sonnencreme, Sonnenbrille und Kopfbedeckung einpacken. Vor allem am Atlantik weht häufig ein frischer Wind, der einen die Sonneneinstrahlung falsch einschätzen lässt. Leitungswasser ist sauber und problemlos trinkbar, kann aber gechlort schmecken.

Haustiere

Wer mit seinem Haustier aus einem EU-Land einreisen möchte, benötigt einen **EU-Heimtierausweis**, der von autorisierten Tierärzten ausgestellt wird. Darin müssen die Kennzeichnung des Tieres (Mikrochip oder Tätowierung) sowie eine gültige Toll-

Festivals und Events

Februar

Carnaval (Fasching, im ganzen Land, besonders intensiv in Viana do Castelo, Sines, Elvas, Nazaré, Portimão, Albufeira, Vila Real de Santo António) – Paraden und Umzüge in farbenprächtigen Kostümen mit Motivwagen und heißen Rhythmen.

März/April

Semana Santa (Karwoche, im ganzen Land, besonders schön in Braga und Óbidos; www.semanasanta braga.com, www.semanasanta obidos.pt) – Religiöse Feierlichkeiten mit Prozessionen, Kirchenkonzerten und Rahmenprogramm.

Umzug zur Festas de Lisboa

Mai

Festival Internacional de Escultura em Areia (Sandskulpturenfestival, Mai–Okt., bei Albufeira, www.fiesa.org) – Die Künstler modellieren die Figuren im Winter, den Sommer über sind sie zu bestaunen.

Juni

Festas de Lisboa (Tag des Stadtpatrons, 12. Juni in Lissabon) – Prozessionen zu Ehren des Stadtheiligen, abends Feste mit Musik, Tanz und gegrillten Sardinen.

Dia de São João (Tag des Stadtpatrons, 23. Juni in Porto und Évora) – Mehrwöchige Feierlichkeiten zu Ehren des Stadtheiligen mit Prozession und abendlichem Feuerwerk.

Festa do Vinho Verde (Fest des jungen Weines, Mitte Juni, Ponte de Lima) – Weinverkostung und Verkauf von Wurst, Käse, Honig …

Juli

EDP Cool Jazz (zweite Julihälfte, Oeiras bei Estoril, www.edpcooljazz.com) – Renommiertes Jazzfestival unter internationaler Beteiligung.

August

MEO Sudoeste (Anfang August, Zambujero do Mar, http://sudoeste.meo.pt) – Festival mit internationaler Beteiligung aus Reggae, Pop, Rock, Electro und Indie.

Festival Vilar de Mouros (Ende August, www.edpvilardemouros.pt) – Festival mit elektronischer Musik bei Caminha.

Dias Medievais (Mittelaltertage, Ende August, Castro Marim bei Tavira, https://diasmedievais.cm-castro marim.pt) – Das schönste Mittelalterfest des Landes mit Rittern und Märchenerzählern dauert fünf Tage.

Festas da Ria (Flussfest, Ende August, Aveiro) – Kanalfest mit Regatta der schönsten »moliceiros« (Lagunenboote).

Dezember

Fogo de artifício (Silvesterfeuerwerk, Parque das Nações, Lissabon) – Weltberühmtes Feuerwerk über dem Tejo.

wutimpfung (Erstimpfung mind. 21 Tage vor Grenzübertritt) eingetragen sein. Für Tiere, die ab 3. Juli 2011 erstmals gekennzeichnet wurden, ist der **Mikrochip** Pflicht. In Fernbussen, Straßenbahnen, U-Bahnen und Taxis sind Hunde nicht erlaubt, in Stadtbussen und Zügen nur mit **Maulkorb**. Von Juni bis September ist die Hundemitnahme an Strände verboten (und wird mit hohen Geldstrafen geahndet). Auch in Restaurants dürfen keine Hunde. Klären Sie vor der Buchung einer Unterkunft die Mitnahme Ihres Tieres ab.

Information

Die Filiale der nationalen portugiesischen Tourismusbehörde **Turismo de Portugal** in Berlin ist für Deutsche, Österreicher und Schweizer zuständig und bietet zahlreiche Informationen und Adressen zur Reisevorbereitung.

- www.visitportugal.com
- Portugiesisches Fremdenverkehrsamt, Zimmerstr. 56, 10117 Berlin, Tel. +49 (0)30 25 41 060

In allen größeren Städten und Urlaubsgebieten gibt es örtliche **Touristinformationen** (Posto de Turismo oder Loja Interativa de Turismo). Die Adressen der wichtigsten Büros finden Sie jeweils zu Beginn der Ortsbeschreibung in diesem Reiseführer.

Klima und beste Reisezeit

An Portugals Westküste herrscht mildes atlantisch-subtropisches Klima. Die Algarve ist mediterran beeinflusst mit milden Wintern und warmen, trockenen Sommern. Im Landesinneren ist es im Sommer sehr heiß, im Winter besonders im Norden recht rau und niederschlagsreich. Die Strände des Südens sind wegen der Wassertemperaturen badefreundlicher als die an der westlichen Küste.

Klimatabelle mit Wassertemperatur:

Monat	Luft (°C) (min./max.)	Sonne (h/Tag)	Regentage	Wasser (°C)
Jan.	9/15	5	7	15
Feb.	9/16	6	6	15
März	11/17	7	8	15
April	12/20	9	5	16
Mai	14/22	11	3	17
Juni	17/25	11	1	18
Juli	19/28	12	0	19
Aug.	20/28	12	0	20
Sept.	19/26	9	2	20
Okt.	16/22	7	4	19
Nov.	13/19	5	7	17
Dez.	10/16	6	7	16

Nachtleben

In Großstädten wie Lissabon und Porto ist das Nachtleben ganzjährig ausgeprägt, in den Touristenzentren der Algarve und der Westküste nur in der Sommersaison. Besonders die Westalgarve ist bekannt für intensives Feiern.

Notfall

Wählen Sie in Notfällen immer die gebührenfreie **europäische Notrufnummer 112**. Unter dieser Nummer erhalten Sie Hilfe von der Polizei, der Feuerwehr, einem Rettungswagen oder einem Notarzt. Rufen Sie in medizinischen Notfällen immer zuerst die Notrufnummer 112. Fahren Sie nicht selbstständig zu einer Arztpraxis oder einer Notaufnahme, da Sie dort eventuell nicht richtig behandelt werden können. Über die Notrufzentrale erhalten Sie exakte Anweisungen, wie Sie sich im Ernstfall zu verhalten haben.

Öffnungszeiten

Das Ladenschlussgesetz Portugals ist liberal und erlaubt täglichen Verkauf bis **Mitternacht**. Läden sind in der Regel Mo–Fr von 9–19, Sa bis 13 Uhr geöffnet (in größeren Städten auch ganztägig). Manche schließen zur Mittagszeit von 13–15 Uhr. **Supermärkte** und Hypermärkte besonders in der Peripherie haben täglich 9–23, teils bis 24 Uhr offen. Eine Besonderheit sind die **Lojas de Conveniência**, kleine, mit »Spätverkaufsstellen« vergleichbare Läden für das Notwendigste; ihre Öffnungszeit ist auch nach Mitternacht relativ unreglementiert.

Museen öffnen üblicherweise um 9 oder 10 Uhr und schließen um 17 oder 19 Uhr, Montag ist meist Ruhetag.

Post

Briefmarken sind in den Postämtern erhältlich (Mo-Fr 9–18 Uhr, auf dem Land teils auch kürzer oder mit Mittagspause, Hauptpostämter auch Sa 9–12 Uhr). Das Porto für Briefe/Postkarten bis 20 g ins EU-Ausland/Schweiz beträgt 0,85 €, per Express (»Correio Azul«) 2,60 €.

Normale Briefe ins Ausland werden in die roten Briefkästen mit der Bezeichnung »Correio Normal Internacional«, Eilbriefe in die blauen Kästen »Correio Azul« eingeworfen.

Alle Postämter bieten die Möglichkeit, Briefe an Sie »postlagernd« zu senden (Lagerung bis Ende des Folgemonats; Vorname Name, Posta Restante Ortsname, Postamt Straße Hausnummer, PLZ Ortsname).

Rauchen

In allen öffentlichen Einrichtungen gilt ein generelles **Rauchverbot**. Auch in Einrichtungen und an Plätzen, in/an denen sich Personen unter 18 Jahren aufhalten, darf nicht geraucht werden. In Restaurants, Cafés und Bars gilt ebenso ein Rauchverbot, wenn nicht eine aufwendige Lüftungsanlage verbaut ist. Faktisch besitzt diese kein einziges Lokal, sodass nur auf den Terrassen geraucht werden darf. Alle Verbote betreffen auch elektronische Zigaretten.

Sicherheit

Portugal ist ein sicheres Reiseland. Überall dort, wo viele Menschen unterwegs sind, steigt jedoch die Zahl der Taschendiebstähle. Betroffen sind vor allem die Algarve-Orte, Lissabon (insbesondere in den Elétricos) und Porto. An Stränden sollten Sie die Bargeldbeträge niedrig halten und Wertsachen nicht im Auto lassen bzw. im Auge behalten sowie Diebstähle jeder Art bei der örtlichen Polizeiwache anzeigen. Wählen Sie in Notfällen die gebührenfreie europäische Notrufnummer 112. Umfassende Informationen zur Sicherheit in Portugal gibt es auf der Internetseite des Auswärtigen Amtes (www.auswaertiges-amt.de).

Wegen der ausgeprägten Monokulturen mit Eukalyptus in Portugals Forsten und der sommerlichen Trockenheit kommt es in immer wieder zu schweren und folgenreichen Busch- und **Waldbränden**. Bei Fahrten in be-

waldeten Gebieten sollten Sie deshalb immer besonders vorsichtig sein. Die Zivilschutzbehörde informiert auf ihrer Website www.prociv.pt zeitnah über Vorkommnisse auch auf Englisch. Bei Sichtung von Bränden wählen Sie die Notrufnummer Tel. 112.
Die Strömungsverhältnisse im Atlantik können lebensgefährlich sein. Immer wieder passieren **Badeunfälle** mit Todesfolge. Badeverboten (Flaggenhinweise) und den Anweisungen der Rettungsschwimmer ist unbedingt Folge zu leisten.

Sport

Golf

Portugal ist ein Eldorado für Golfspieler und wurde schon oft als weltbeste Golfdestination gekürt. Einige der schönsten Plätze der Welt liegen an der Algarve und im Hinterland Lissabons rund um Sintra. 90 über das Land verteilte Plätze sind es insgesamt, entworfen von den berühmtesten Designern wie Robert Trent Jones Jr., Henry Cotton oder Arnold Palmer. Letzterer zeichnete auch für den Golfclub Victoria (www.dompedrogolf.com) bei Albufeira verantwortlich, der die Portugal Masters austrägt. Auf der Website der portugiesischen Golfföderation **Federação Portuguesa De Golfe** findet man alle Plätze (http://portal.fpg.pt).

Reiten

An der Algarve, der Costa do Estoril und im Alentejo können Sie in mehreren Reitställen (»Centro Hípico«) Pferde leihen und ausreiten bzw. Reitunterricht nehmen. Auf dem Portal www.visitportugal.com ist eine Liste von fast 90 im ganzen Land verteilten Reitställen verfügbar.

Portugal ist eines der besten Surfreviere Europas – für Anfänger und Könner

Surfen, Wind- und Kitesurfen

Die Wellen des Atlantik sind für Wellenreiter ideal, und auch Wind- und Kitesurfer finden ihre Plätze. Zentren für den Sport sind Ericeira mit den berühmten Stränden Ribeira d'Ilhas und Supertubos, Nazarés Praia do Norte und Peniches Praia do Medão (auch unter dem Namen Supertubos bekannt) nördlich von Lissabon. Bei Figueira da Foz brechen an der Praia de Buarcos bis zu 200 Meter lange Wellen. Südlich von Lissabon findet man bei Arrifana, Carrpateira und Sagres beste Reviere. Wo immer die Bedingungen gut sind, gibt es Schulen mit Ausrüstungs- und Boardverleih.

Trendsport

Zunehmend sind in den Touristenzentren auch Trend- und Funsportarten

Den Parque Arqueológico do Vale do Côa kann man auf Bergpfaden entdecken

wie Parasailing, Abseiling, Canyoning, Rafting, Kayaking und Besuche im Hochseilgarten (Adventure Parks) im Angebot. Hotels vor Ort vermitteln.

Wandern

Auch wenn die Wandertradition nicht so ausgeprägt, die Wege nicht so gut markiert sind wie in Mitteleuropa, die Portugiesen begeistern sich zunehmend für diese Freizeitaktivität. Klassiker ist der **Pilgerweg** von Porto nach Santiago de Compostela in Spanien (S. 126), aber auch an der **Costa Vicentina** sind Weitwanderungen ausgewiesen (S. 153). In den Naturschutzgebieten wie der Serra da Estrela (S. 108), der Serra da Lousã (S. 104) und dem Nationalpark Peneda-Gerês (S. 125) lässt sich ebenso gut wandern. Beste Zeit für Wanderungen sind Frühling und Herbst, da es im Sommer recht heiß wird.

Strom und Steckdose

Das portugiesische Stromnetz wird wie in Mitteleuropa mit 220 Volt Wechselstrom betrieben. Das Netz ist relativ stabil, zu Ausfällen kommt es äußerst selten. In die Steckdosen passen problemlos die üblichen Euro- und Schuko-Stecker.

Telefon und Internet

Die digitale Infrastruktur ist in Portugal gut ausgebaut. Auch kleinere Hotels, Pensionen, Cafés und Restaurants bieten ihren Gästen kostenloses WLAN. Mit dem Siegeszug der Funktelefonie sind Telefonzellen aus dem Straßenbild gänzlich verschwunden, und mit der Kappung der **Roaminggebühren** für Telefonie und Datentransfers haben auch Internet-Cafés ihre Existenzberechtigung verloren.

Internationale Vorwahlen:

- Portugal 00 351
- Deutschland 00 49
- Österreich 00 43
- Schweiz 00 41

Toiletten

Öffentliche WCs sind in Portugal sauber, aber eher selten zu finden und meist nur mit einer Eintrittsgebühr zu nutzen. Damentoiletten sind mit einem Logo, »S«, »Senhoras« oder »Mulheres« gekennzeichnet, Herrentoiletten mit Logo, »H«, »Homens« oder »Senhores«.

Trinkgeld

Das Trinkgeld in Restaurants (»gorjeta«) ist üblicherweise im Endpreis enthalten, dennoch wird vom Personal eine Aufmerksamkeit für guten Service erwartet. Mit 5–10 % des Rechnungsbetrages liegen Sie nicht falsch. Hinterlassen Sie es bei Weggang auf dem Tisch.

Umgangsformen

Portugal ist nicht Spanien, und die mediterrane Leichtlebigkeit der Nachbarn ist den Portugiesen eher unvertraut. Sie gelten vielmehr als die »Preußen der Iberischen Halbinsel«. Wangenküsschen bei der Begrüßung sind nicht üblich, lautes Sprechen und wildes Gestikulieren werden als Untugenden angesehen, und Pünktlichkeit ist eine Zierde. Mit »bom dia« begrüßt man sich bis zum Mittag, danach bis zum Abendessen mit »boa tarde«, dann mit »boa noite«. Je näher man der spanischen Grenze kommt, desto später wird zu Abend gespeist.

Kleiderordnung

Kirchen und Wallfahrtsstätten sollten nur mit bedeckten Armen, Schultern und Beinen betreten werden. In der Geschäftswelt Portugals ist die Kleiderordnung leger-elegant, Touristen sieht man »Urlaubsoutfit« nach, wobei Portugiesen eine kurze Hose bei Männern abseits des Strandes generell als eher schrägen Style wahrnehmen. Nacktbaden ist in Portugal nicht gestattet. An der Algarve, an den Stränden Lissabons und Portos und an den Hotelpools sonnt man sich aber teilweise »oben ohne«.

Unterkunft und Hotels

Camping

Etwa 250 Campingplätze (Parque de Campismo) sind über das Land verteilt, wildes Camping ist verboten und steht unter Strafe. Auf der Website www.roteiro-campista.pt sind die meisten Campingplätze gelistet. Eine von ADAC Experten geprüfte Auswahl finden Sie im jährlich neu aufgelegten ADAC Camping- und Stellplatzführer Frankreich – Spanien – Portugal – Schweiz sowie online im ADAC Stellplatzführer (www.campingfuehrer.adac.de).

Hotels

Hotels sind nach internationalem System in fünf (Sterne-)Kategorien eingeteilt. Die Bezeichnungen »Pensão« oder »Residencial« für Hotels ohne Restaurant sind noch in Verwendung, haben aber keine offizielle Bedeutung. Zwei-Sterne-Häuser können durchaus eine gute und kostengünstige Alternative zu höherwertigen Häusern sein. Ab drei Sterne kann man mit Klimaanlage, eigenem Bad und TV rechnen.

Pousadas

Die in historischen Bauwerken oder an landschaftlich besonders schönen Stellen eingerichteten Pousadas gehören zur gehobenen Kategorie der Unterkünfte. Ehemals staatlich, sind sie heute privatisiert (S. 108).

Ferien auf dem Land

Häuser mit der Klassifikation »Turismo de Habitação« (TH) sind Herrenhäuser oder Gutshöfe mit nur wenigen Zimmern in meist exklusiver Lage und luxuriös eingerichtet. Weniger Luxus bieten die Häuser mit der Bezeichnung »Turismo no Espaço Rural« (TER), die ebenfalls nur wenige Zimmer anbieten. Bei beiden ist die Betreuung herzlich und familiär. Die »Aldaias de Portugal« sind ganze Dörfer, die dem Tourismus zugänglich gemacht worden sind und in denen man üblicherweise Wohnungen anmietet. Informationen erhält man über die Dachorganisation Central Nacional de Turismo no Espaço Rural.

■ Pr. da República, 4990-062 Ponte de Lima, Tel. 258 93 17 50, www.center.pt

Hostels

Immer mehr Hostels eröffnen in den Städten als preiswerte Alternative zu Hotels. Sie bieten Mehrbett-, aber auch Doppelzimmer an, sind in der Regel sehr sauber und gut durchorganisiert.

■ www.hostelworld.com

Privatzimmer

Auch in Portugal formieren sich die Bewohner der Innenstädte zunehmend gegen Buchungsportale wie Airbnb oder Wimdu. Viele Hausbesitzer haben ehemals langfristig vermieteten Wohnraum in kurzfristig vermietbare, hochrentable Apartments umgewandelt. Es ist absehbar, dass in Städten wie Porto, Coimbra und Lissabon bald ganze Viertel nur noch aus touristisch vermieteten Wohnungen bestehen.

Jugendherbergen

43 Jugend- und Familienherbergen verteilen sich über Portugal, eingeteilt in vier Kategorien: Historisches Gebäude, Natur und Abenteuer, Strand sowie Stadt. Voraussetzung für die Aufnahme ist ein gültiger Mitgliedsausweis des Internationalen Jugendherbergsverbands **Hostelling International** (den man auch vor Ort erhält). Es gibt keine Altersbeschränkungen. Übernachtet wird in Schlafsälen, Mehrbett-, Einzel- und Doppelzimmern. Ein Platz im Schlafsaal kostet etwa 15 €, im Doppelzimmer mit eigenem Bad etwa 20 €/Person.

■ https://pousadasjuventude.pt

Verkehrsmittel im Land

Mietwagen

Mietwagen sind in Portugal relativ billig, wenn sie vorab und über das Internet gebucht werden (25–40 €/Tag). Angeraten ist der Abschluss eines Vertrags, der alle Leistungen wie unbegrenzte Kilometer, neben der Haftpflicht- auch Vollkaskoversicherung, Diebstahlschutz (jeweils ohne Selbstbeteiligung) und Glas-/Reifenschutz vorsieht. Das Fahrzeug sollte mit vollen Tank entgegengenommen und zurückgegeben werden. Prüfen Sie bei Entgegennahme das Fahrzeug auf Vollständigkeit des Bordwerkzeugs und akribisch auf Vorschäden (Lack, Fenster, Unterboden, Reifen). Filmen Sie am besten das Fahrzeug mit dem Smartphone einmal rundum. Für Mitglieder bietet die ADAC Autovermietung in Zusammenarbeit mit Vermietern vor Ort günstige Konditionen an. Buchen kann man im Internet (adac.de/autovermietung) und in allen ADAC Geschäftsstellen.

Öffentliche Verkehrsmittel

Portugal besitzt ein dichtes Busnetz, und die Autobusse der Firma **Rede Expressos** fahren werktags in hoher Frequenz, am Wochenende aber stark eingeschränkt auch viele der kleineren Orte an. Ein Fahrt von Lissabon nach Faro dauert vier Stunden und kostet um 20 €, von Lissabon nach Porto dauert sie 3,5 Stunden und kostet ebenfalls um 20 €.

■ www.rede-expressos.pt

Die Busfirmen **Eva** und Frota Azul Algarve bieten den Passe Turistico für 36,80 € an, der eine Woche lang die Nutzung der Überlandbusse der Algarve erlaubt.

■ http://eva-bus.com

Das gute und schnelle Eisenbahnnetz verbindet mit modernen Zügen die wichtigsten Städte. Die Intercitys von Comboios de Portugal fahren in drei Stunden nach Faro (um 22 €) und in drei Stunden nach Porto (30 €).

Ab 65 Jahren zahlt man gegen Vorlage eines Lichtbildausweises für Eisenbahntickets nur die Hälfte. Im Nachtzug Lusitânia Comboio Hotel zwischen Lissabon und Madrid und im Sud Expresso von Lissabon nach Irún an der spanisch-französische Grenze zahlt man ab 60 Jahren nur 75 %.

■ www.cp.pt

Taxi

Taxifahren ist in Portugal wesentlich günstiger als in Mitteleuropa. Während der Stoßzeiten in den Großstädten kann es schwierig sein, einen Wagen zu finden. Taxis können Sie telefonisch bestellen, am Standplatz nehmen oder vom Straßenrand anhalten. Nachts und an Wochenenden/Feiertagen wird ein Zuschlag erhoben, ebenso für die Anfahrt und bei Gepäck.

Zeitverschiebung

Mitteleuropas CET (Central European Time) ist Portugal in der WET-Zeitzone (Western European Time) eine Stunde hinterher. Die einstündige Zeitverschiebung gilt ganzjährig, da Portugal zeitgleich auf Sommerzeit umstellt (letzter Sonntag im März, Rückstellung letzter Sonntag im Oktober).

Zollbestimmungen

Reisende aus EU-Ländern können Waren und Lebensmittel für den persönlichen Bedarf ohne Einschränkung nach Portugal einführen. Richtmengen für den privaten Verbrauch: 800 Zigaretten, 400 Zigarillos, 200 Zigarren, 1 kg Rauchtabak, 10 l Spirituosen, 10 l alkoholhaltige Süßgetränke, 20 l andere alkoholische Getränke bis 22 % Vol., 60 l Schaumwein, 110 l Bier, 10 kg Kaffee (www.zoll.de, www.bmf.gv.at/zoll). Bei Einreise in die Schweiz bleiben Waren (auch Tabak und Alkohol) im Gesamtwert von unter 320 CHF zollfrei. Zusätzlich müssen Freimengen beachtet werden: Steuerfrei bleiben 250 Zigaretten oder Zigarren bzw. 250 g andere Tabakfabrikate, 5 l alkoholische Getränke bis 18 % Vol. und 1 l alkoholische Getränke über 18 % Vol. Beschränkt ist zudem die Mitnahme einzelner Lebensmittel wie etwa Milch (www.ezv.admin.ch).

Die Geschichte Portugals

700 v. Chr. Im Norden siedeln keltiberische Stämme

500 v. Chr. Griechische Kolonisatoren führen Wein und Oliven ein

218 v. Chr. Römer beginnen mit der Eroberung der iberischen Halbinsel

133 v. Chr. Lusitanien wird römische Provinz

360 Das Christentum wird Lusitaniens Staatsreligion

410 Während der Völkerwanderung ziehen Alanen, Sueben und Vandalen über die iberische Halbinsel

418 Westgoten (Visigoten) vertreiben Alanen und Vandalen, 565 die Sueden

711 Arabische Truppen besiegen die Westgoten

Demonstration in Porto zum Gedenken an die Nelkenrevolution (25 de Abril)

717 Die christliche Wiedereroberung beginnt

1095 Gründung der Grafschaft Portucalia

1139 Afonso I. (Burgund) wird König von Portugal und erobert 1147 Santarém und Lissabon von den Mauren

1249 König Afonso III. erobert die maurische Algarve

1383 Das Haus Avis tritt in die Thronfolge ein

1385 Sieg König Joãos I. über die Spanier bei Aljubarrota

1418 Die Portugiesen erobern Ceuta (Marokko), die Entdeckungsfahrten unter Heinrich beginnen

1420–1487 Portugiesische Karavellen dringen bis an die Südspitze Afrikas

1494 Portugal und Spanien teilen die Welt vertraglich untereinander auf

1498–1500 Vasco da Gama entdeckt den Seeweg nach Indien, Pedro Álvares Cabral erreicht Brasilien

1580 Nach dem Aussterben der Avis-Linie übernimmt der Spanier Philipp II. auch die portugiesische Königswürde

1640 Mit João IV. (Bragança) wird Portugal wieder unabhängig

1755 Erdbeben von Lissabon

1807 Napoleonische Truppen besetzen Portugal

1810 Bei Buçaco besiegen portugiesische und englische Truppen unter Wellington die französische Armee

1908 Carlos I. und sein Thronfolger fallen einem Attentat zum Opfer

1910 Eine Revolution führt zur Abschaffung der Monarchie

1926 Das Militär putscht, Salazar übernimmt 1932 die Macht

Ab 1960 Die verbliebenen Kolonien in Afrika beginnen den Unabhängigkeitskampf

1968 Nachfolger Salazars wird Marcelo Caetano

1974 Nelkenrevolution des Militärs, Portugal wird in der Folge zur Demokratie, die Kolonien erhalten 1975 die Unabhängigkeit

1998 Weltausstellung in Lissabon

2004 Der Portugiese José Manuel Barroso übernimmt die EU-Präsidentschaft

2017 Bei verheerenden Waldbränden sterben mehr als 60 Menschen

Portugiesisch für die Reise

Das Wichtigste in Kürze

Ja/Nein	*Sim/Não*
Bitte/Danke	*Por favor/Obrigado*
Hallo!/Auf Wiedersehen!	*Olá!/Adeus!*
Guten Morgen!/Guten Tag!	*Bom dia!/Boa tarde!*
Guten Abend!/Gute Nacht!	*Boa noite!*
Mein Name ist …	*O meu nome é/Chamo-me …*
Entschuldigung!	*Desculpe!*
Achtung!/Vorsicht!	*Atenção!/Cuidado!*
Ich verstehe Sie nicht.	*Não compreendo.*
Wie viel kostet das?	*Quanto custa (é) isso?*
Damen/Herren	*Senhoras/Homens*
geöffnet/geschlossen	*aberto/fechado*
gestern/heute/morgen	*ontem/hoje/amanhã*
Wie viel Uhr ist es?	*Que horas são?*
Wo ist …?	*Onde é …?*
Wie weit ist das?	*Qual é a distância?*
Ist das die Straße nach …?	*Esta é a rua/estrada para …?*
Nord/Süd/West/Ost	*Norte/Sul/Oeste/Este*
Ich möchte …	*Queria …*
Die Rechnung, bitte!	*A conta, por favor!*
Restaurant	*restaurante*
Auto	*carro*
Tankstelle	*posto de gasolina*
Super 95 Oktan/Diesel	*gasolina 95/gasóleo*
Panne	*avaria*
Hilfe!	*Socorro!*
Fahrrad	*bicicleta*
Bahnhof	*estação ferroviária*
Busbahnhof	*estação rodoviária*
Flughafen	*aeroporto*
Ausweis/Pass	*bilhete de identidade/passaporte*
Bank/Geldautomat	*banco/caixa multibanco*
Arzt	*médico*
Apotheke	*farmácia*
Supermarkt	*supermercado*
Tourismusbüro	*posto de turismo*

Wochentage

Montag	*segunda-feira*
Dienstag	*terça-feira*
Mittwoch	*quarta-feira*
Donnerstag	*quinta-feira*
Freitag	*sexta-feira*
Samstag	*sábado*
Sonntag	*domingo*

Zahlen

1	*um, uma*	8	*oito*
2	*dois, duas*	9	*nove*
3	*três*	10	*dez*
4	*quatro*	11	*onze*
5	*cinco*	12	*doze*
6	*seis*	100	*cem*
7	*sete*	1000	*mil*

Hinweise zur Aussprache

ã, õ	wie ›ang, ong‹, Bsp.: São
c	vor ›e, i‹ wie scharfes ›s‹, Bsp.: cerveja vor ›a, o‹ wie ›k‹, Bsp.: faca
ch	wie ›sch‹, Bsp.: duche
ç	wie scharfes ›s‹, Bsp.: preço
ção	wie ›saong‹, Bsp.: estação
é	wie lang gezogenes ›äh‹, Bsp.: crédito
g	vor ›a, o,u‹ wie ›g‹, Bsp.: gasolina vor ›e, i‹ wie weiches ›g‹ (Rage), Bsp.: longe
h	am Wortanfang stumm
j	wie weiches ›g‹ (Rage), Bsp.: hoje
nh	wie lang gezogenes ›nj‹, Bsp.: dinheiro
o	am Wortende als kurzes ›u‹, Bsp.: zero
qu	vor ›e, i‹ wie ›k‹, Bsp.: quero, quilo vor ›a, o‹ wie ›kw‹, Bsp.: quarto
x	wie ›sch‹, Bsp.: queixa
z	wie ›sch‹ am Wortende, Bsp.: faz favor sonst wie ›s‹, Bsp.: onze

Register

Bildnachweis

Titel: Die Praia da Concha nahe São Pedro de Moel bei Leira
Foto: **Bildagentur Huber** (O. Fantuz)

Alamy: A. DeVal 28; n8n photo 51; Americo Lopes 56; S. Azenha 89.3 – **AWL Images:** S. Lubenow 9, 150, 158, 160/161, 164; M. Abreu 76; S. Egan 107; M. Abreu 110, 124/125, 135; N. Ledger 118; A. Robinson 151 – **Fotolia:** Vlada Z 77 – Henrique Matos, CC BY 2.5 184 – **Huber Images:** W. Bertsch 12/13, 22; M. Howard 14/15, 16/17, 93, 122; O. Fantuz 99; S. Lubenow 146/1479 – **Jahreszeiten Verlag:** G. Lengler Klappe vorne re., 6.2, 65.2, 65.3, 72, 75, 78, 79, 81, 93; A. F. Selbach 154 – **Iris Kaczmarczyk:** 49.1 – **Laif:** R. Moiola 4/5; J.-P. Boening/Zenit 130 – **Lookphotos:** robertharding 91; age fotostock 107; Photononstop 121 – **mauritius images:** Cro Magnon/Alamy 6.1, 136; H. Blossey 27.1., 35.1, 35.2; GTW 34, 105; M. Abreu/ Alamy 36.2, 37; W. Otto/Alamy 39.2; S. Davey/Alamy 49.1; U. Flüeler 50; S. Azenha/Alamy 106; K. Foy/ Alamy 113.1; M. Howard 166 – **Picture Alliance:** AP 2.2, 41; Ullstein 40; , Reuters 48 –**seasons.agency:** T. Elmenhorst/Jalag 120; 139.1 – **Shutterstock.com:** hans.slegers 2.1, 20, 153; saiko3p 2.3, 32; PJ Photography 2.4, 26; Guaxinim 2.5, 54; P. Pawel Kazmierczak 4.1; Ttstudio 7.1; Y. Kenshin 7.2; K. Okuma 10/11; D. van de Water 11; alexilena 60.1; Katvic 61.1; Taiga 61.2; CroMary 61.3; Steve Photography 18; R. Bercan 19; G. M.Fernandes 21, H. Geel 23; Fanfo 24; Marafona 25; Takashi Images 27.2, 180; Z. Alexandrovich 29; B. Marty 30, 57,1; CroMary 31, Vadim Petrakov 33, 97; Peek Creative Collective 36.1, 43.2, 176; nogkin 38; MagSpace 39.1; R. Perna 42; StockPhotosArt 43.1, 116; R. Feirrera 44.1; K. Yuliya 44.2; joyful 45, 46; eFesenko 47, ; A. Lopes 55; S. Stakhnyk 57.2; O. Znamenskiy 60.2; inacio pires 60.3; Neirfy 61.2, 119; csp 61.3; J.Soto 62/63; S-F 65.1; S. Pavone 66/67; basiczto 73; T. Bralnina 70; Damira 85; Mor65_Mauro Piccardi 86; M. Golovianko 89.1; saiko3p 95, 100/101; V. Korostyshevskiy 96; B. Marty 98; kps1664 104; Mapics 114/115; H. Damke 127; milosk50 131, 133; Pack-Shot 132; M.Venema 134; Juanje Perez Photography 139.2; A. Frazao 140; qvictoria 143; Ana Couto 144; H. Grundemann 148; A. Nekrassov 152; M. Krzyzak 157.1; C. Neto 157.3; S. Stakhnyk 167; joyfull 174; homydesign 179; Allik 119.2 – **stock.adobe.com:** X. Allard 139.3

Herausgeber: GRÄFE UND UNZER VERLAG GmbH, Postfach 86 03 66, 81630 München
Leitender Redakteur: Benjamin Happel
Autoren: Friedrich Köthe, Daniela Schetar
Verlagsredaktion: Gernot Schnedlitz (verantw.), Larissa Köpp, Silke Tauscher, Nadia Terbrack
Redaktion: Stefan Engert, Dr. Gabriele Rupp
Satz: Christine Klausner, Angelika Wagener, Intermag Publishing GmbH, München
Bildredaktion: Iris Kaczmarczyk, Tobias Schärtl
Schlusskorrektur: Ulla Thomsen
Reihengestaltung: Independent Medien Design, Horst Moser, München;
Eva Stadler, München
Kartografie: Kunth Verlag GmbH & Co. KG, München
Herstellung: Mendy Willerich
Druck + Bindung: Drukarnia Dimograf Sp z o.o. (Polen)

Ansprechpartner für den Anzeigenverkauf:
KV Kommunalverlag GmbH & Co. KG, MediaCenter München,
Tel. 089/928 09 60

GRÄFE UND UNZER

Ein Unternehmen der
GANSKE VERLAGSGRUPPE

ISBN 978-3-95689-750-4
1. Auflage 2020

Leserservice
adac@graefe-und-unzer.de
Tel. 00800/72 37 33 33 (gebührenfrei in D, A, CH)
Mo–Do 9–17 Uhr, Fr 9–16 Uhr

Bei Interesse an maßgeschneiderten B2B-Produkten:
gabriella.hoffmann@graefe-und-unzer.de

Die exotischste Zutat?
Deine Neugier.
G|U
VIETNAM
TAJINE
TEX-MEX KÜCHE
So gut schmeckt die Welt.
Koch dich einmal um den Globus mit der erfolgreichsten Kochbuchreihe der Welt und aufregenden Ideen für Köstlichkeiten aus aller Herren Länder. Für dein leckerstes Ich.
Überall, wo es Bücher und E-Books gibt, und auf www.GU.de

Unterwegs in Portugal

Mit dem Aufzug

Die hügelige Lage vieler Städte und Ortschaften hat in Portugal eine richtiggehende Aufzugkultur hervorgebracht. Viele Orte erleichtern den Aufstieg in die höheren Viertel oder den Abstieg an die Küste mit Seilbahnen, Aufzügen und Liften, teils kostenpflichtig, teils frei.

■ Details im Kasten auf S. 73

Autobahngebühren

Es gibt in Portugal zweiSysteme zur Mautbegleichung, die einfachste und komfortabelste ist, bei der Mietwagenübernahme eine mit dem Fahrzeug fest verbundene Box mit anzumieten, die auf allen mautpflichtigen Strecken freie Einfahrt gewährleistet. Die Abrechnung erfolgt dann im Nachgang über die Kreditkarte.

■ Details auf S. 172

Öffentlicher Verkehr

Portugal besitzt ein dichtes Netz an öffentlichen Verkehrsmitteln mit Eisenbahn und Bussen. Die Autobusse der Firma Rede Expressos fahren landesweit werktags in relativ enger Abfolge, am Wochenende jedoch stark eingeschränkt. Auf Fernstrecken (vor allem zur Algarve) gibt es auch kleinere Anbieter wie Eva (S.165), die etwas günstiger sind.

■ www.rede-expressos.pt

Per Campmobil

Auch wenn es viele machen, wildes Campen ist in Portugal verboten. Im schlimmsten Fall können mehrere Hundert Euro Strafe fällig werden, im besten muss man sich mitten in der Nacht auf Anweisung der Polizei auf die Suche nach einem offiziellen Stellplatz machen.

■ www.campingfuehrer.adac.de